ELIGIENDO A DIOS EN LUGAR
DE LAS COSAS DEL MUNDO

CUANDO LAS MUJERES
ESTAN EQUIPADAS CON
EL CONOCIMIENTO
DE LA VERDAD DE LA
PALABRA DE DIOS, EL
MUNDO CAMBIA, CON
UNA MUJER A LA VEZ.

ESTE DEVOCIONAL PERTENECE A

....

FECHA

\ \

....

▶ CONTENIDO

¿Sabes?

HEMOS ORADO POR TI; NO ES UNA COINCIDENCIA QUE ESTÉS PARTICIPANDO EN ESTE ESTUDIO.

¡BIENVENIDA AMIGA!

Estamos muy contentas de que hayas decidido acompañarnos en este estudio bíblico. Antes que nada, tienes que saber que hemos orado por ti. No es una coincidencia que estés participando en este estudio.

Nuestra oración por ti es sencilla: que estés más y más cerca del Señor a medida que profundizas en Su Palabra diariamente. Cada día, antes de leer los pasajes asignados, ora y pídele a Dios que te ayude a comprenderlos. Invítale a hablarte a través de Su Palabra. Y después, escucha. Es Su trabajo hablarte y el tuyo escuchar y obedecer.

Toma tiempo para leer los versículos una y otra vez. Se nos dice en Proverbios que, si buscamos, hallaremos: "Si como a la plata la buscares, y la escudriñares como a tesoros, entonces entenderás el temor de Jehová, y hallarás el conocimiento de Dios" (Proverbios 2:4-5)

Todas nosotras en Ama a Dios Grandemente no podemos esperar a que comiences y esperamos verte en la línea de llegada. Resiste, persevera, sigue adelante y no te rindas. Termina bien lo que estás comenzando hoy.

Estaremos contigo a cada paso del camino, animándote y orando por ti. Estamos en esto juntas. Veamos lo que Él tiene para cada una de nosotras en este estudio. Acompáñanos mientras aprendemos a amar a Dios grandemente con nuestras vidas.

NOS NECESITAMOS LAS UNAS A LAS OTRAS, PARA LLEVAR UNA VIDA MEJOR, JUNTAS. ¿TE ANIMAS A INVITAR A ALGUIEN A TU ALREDEDOR CON QUIEN PUEDAS LLEVAR EL ESTUDIO?

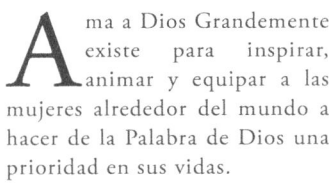

Ama a Dios Grandemente existe para inspirar, animar y equipar a las mujeres alrededor del mundo a hacer de la Palabra de Dios una prioridad en sus vidas.

INSPIRAR a las mujeres a hacer de la Palabra de Dios una prioridad en sus vidas a través de nuestros recursos de estudio bíblico.

ANIMAR a las mujeres en su caminar diario con Dios a través de comunidad en línea y personal.

EQUIPAR a las mujeres a crecer en su fe, para que puedan alcanzar a otras para Cristo de manera efectiva.

Comenzamos con un sencillo plan de lectura, pero no termina ahí. Algunas se reúnen en hogares e iglesias de manera presencial mientras otras se conectan en línea con mujeres alrededor del mundo. Sea cual sea el método, unimos fuerzas con el propósito de amar a Dios Grandemente con nuestras vidas.

En Ama a Dios Grandemente encontrarás mujeres reales y auténticas. Mujeres que son imperfectas pero perdonadas. Mujeres que quieren menos de ellas mismas y mucho más de Jesús. Mujeres que anhelan conocer a Dios a través de Su Palabra porque sabemos que la Verdad transforma y nos hace libres. Mujeres que son mejores juntas, saturadas en la Palabra de Dios y en comunidad unas con otras

ADG está comprometido con proveer materiales de estudio bíblico de calidad y cree que las finanzas no deberían interponerse para que una mujer pueda participar de nuestros estudios. Es por eso que todos los estudios en todas sus traducciones pueden descargarse de manera gratuita desde AmaaDiosGrandemente. com para todas aquellas que no pueden permitirse comprarlos. Nuestras guías devocionales pueden comprarse en Amazon (en inglés por ahora). Busca "Love God Greatly" para ver las guías disponibles.

ENCONTRARÁS MUJERES IMPERFECTAS, PERO PERDONADAS

Ama a Dios Grandemente es una organización sin ánimo de lucro 501 (C) (3). Los fondos provienen de donaciones y beneficios de nuestros estudios bíblicos y libros a la venta. El 100% de las ganancias regresan directamente al ministerio para sostener económicamente a Ama a Dios Grandemente y ayudarnos a inspirar, animar y equipar mujeres alrededor del mundo con la Palabra de Dios.

Brazo a brazo, mano a mano, hagamos esto juntas.

LA NECESIDAD

Billones de mujeres alrededor de mundo no tienen acceso a la Palabra de Dios en su idioma natal. Algunas de las que lo tienen, no encuentran estudios Bíblicos para mujeres diseñados y escritos especialmente para ellas.

LA MISIÓN

En Ama a Dios Grandemente, preparamos estudios Bíblicos en más de 40+ idiomas. Equipamos misioneros, ministerios, iglesias locales, y mujeres con la Palabra de Dios de una manera sin precedente, cuando permitimos que las guías sean descargadas de manera gratuita desde nuestros sitios internacionales.

Al estudiar la Biblia en su propio idioma con comunidades de ideas afines, las mujeres son capacitadas y equipadas con la Palabra de Dios.

Creemos que cuando las mujeres leen y aplican la Palabra de Dios a sus vidas y aceptan el amor inmutable de Dios, el mundo será un lugar mejor. Sabemos que una mujer en la Palabra de Dios puede cambiar una familia, una comunidad, una nación …una mujer a la vez.

ÚNETE A NOSOTRAS

Non gustaría mucho que nos acompañaras en esta misión de proveer a las mujeres alrededor del mundo el acceso a la Palabra de Dios y a materiales de calidad para sus estudios Bíblicos. Si tienes alguna pregunta o para mayor información, puedes visitarnos en línea o enviar un mensaje. Nos encantaría saber de ti.

INFO@LOVEGODGREATLY.COM
LOVEGODGREATLY.COM

AMAADIOSGRANDEMENTE.GUISETTE@GMAIL.COM
AMAADIOSGRANDEMENTE.COM

EN AMA A DIOS GRANDEMENTE, PROPORCIONAMOS ESTUDIOS BIBLICOS EN MAS DE 40+ IDIOMAS.

EOAO

Método de Estudio Bíblico

En Ama a Dios Grandemente, creemos que la Palabra de Dios es viva y eficaz. Creemos que las palabras que encontramos en las Escrituras son poderosas, efectivas y muy relevantes para la época y la cultura en la que vivimos. Sabemos que la Biblia fue escrita para el pueblo y para situaciones específicas de determinado tiempo. Creemos que, para interpretar la Biblia de manera correcta, debemos entender el contexto y la cultura de la época en que fueron escritos los originales.

Al estudiar la Biblia, usamos el método EOAO. Este acrónimo significa Escritura, Observación, Aplicación y Oración. Una cosa es leer las Escrituras solamente, pero cuando interactuamos con ella, de una manera intencional y tomando tiempo para reflexionar, la verdad salta a nuestra vista. El método EOAO nos permite profundizar en las Escrituras y ver mucho más de lo que se puede obtener con una simple lectura. Nos permite ser no solo oidoras, sino también hacedoras de la Palabra (Santiago 1:22).

NUNCA ES PERDER EL TIEMPO CUANDO LO DISPONES PARA LEER LA PALABRA DE DIOS. ELLA ES VIVA, PODEROSA Y EFECTIVA; TE HABLA DIRECTAMENTE POR MEDIO DE ELLA

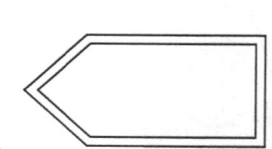

En esta guía devocional, encontrarás lectura diaria y versos para llevar a cabo tu devocional. Leeremos una porción diaria de versículos y aplicaremos el método EOAO a algunos de ellos. Creemos que al usar este método podremos obtener un mayor entendimiento de las Escrituras, lo que nos permitirá aplicarla a nuestra vida de manera práctica.

Los ingredientes más importantes del método EOAO es la interacción que tendrás con la Palabra de Dios y la aplicación de ella a tu vida. Tómate un tiempo para estudiarla con cuidado, descubriendo la verdad del carácter de Dios y Su corazón para Su pueblo.

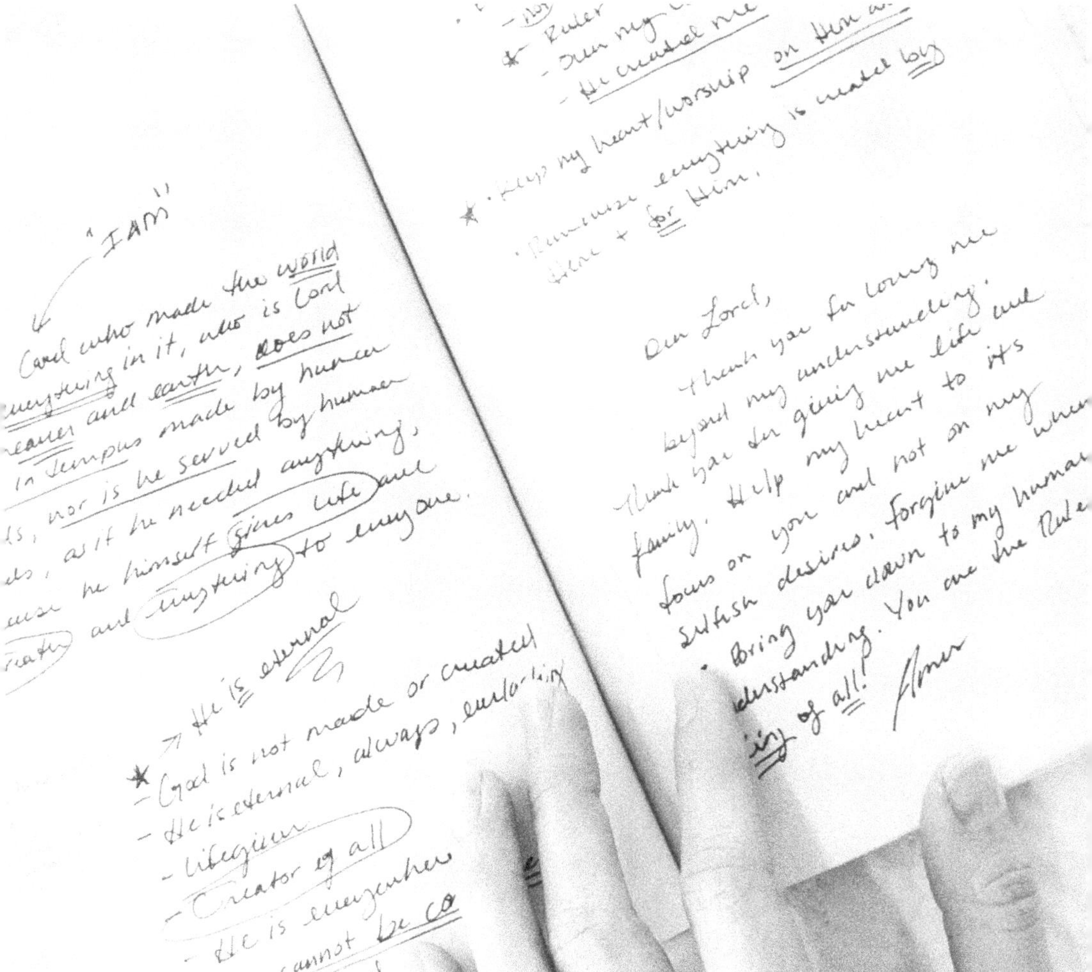

Estudiar la Palabra de Dios puede ser algunas veces, desafiante o confusa. Usamos el método EOAO para que puedas simplificar tu estudio y enfocarte en pasajes claves de tu lectura.

EOAO
Método de Estudio Bíblico

EOAO
SEMANA 1 • LUNES

EOAO / *Apocalipsis 12:10, 2 Tesalonicenses 3:3*
ESCRITURAS / *escribe los versículos del devocional*

Apocalipsis 12:10
Entonces oí una gran voz en el cielo, que decía:
«Ahora ha venido la salvación, el poder y el reino de nuestro
Dios y la autoridad de Su Cristo», porque el acusador de
nuestros hermanos, el que los acusa delante de nuestro Dios
día y noche, ha sido arrojado.

2 Tesalonicenses 3:3
Pero fiel es el Señor que os afirmará y guardará del mal.

OBSERVACIÓN / *escribe 3-4 observaciones*

Gran voz, poderoso, conocedor
Somos acusados día y noche — es una batalla constante
El Señor ayudará, establecerá y me protegerá
Él está siempre
Él es constante, un guardián en mi vida, protector

32

E

ES POR ESCRITURAS.

Escribe los versículos por lo menos una vez.

Lentamente copia el pasaje del texto, enfocándote en lo que estás escribiendo.

Si lo escribes más de una vez, siempre será más gratificante.

O

ES POR OBSERVACIÓN.

Toma un tiempo para observar el pasaje.

¿Qué puedes observar en los versículos que estás leyendo?

¿Cuál es la audiencia a la que se está intentando llegar?

¿A quién le habla el escritor? ¿Cuáles son los factores culturales de la época?

¿Qué factores culturales son importantes? ¿Hay palabras que se repiten? ¿Qué tipo de géneros literarios son usados?

A

ES POR APLICACIÓN.

*Después de observar
con cuidado lo que está
sucediendo en el pasaje,
determina el mensaje
principal y observa la
verdad del mismo.*

*¿Cómo puedes aplicar
esa verdad a tu vida?*

*¿Qué acción es necesaria
en tu vida después
de leer esa verdad?*

APLICACIÓN / *Escribe por lo menos 1 - 2 aplicaciones:*

Recuerdo que la fuerza de Dios es más poderosa que cualquier
otra cosa.
Memorizar estos versículos y repetirlos todos los días esta
semana.
Pedirle a Dios que fortalezca mi fe en Él.
Confiar en que Dios me librará del mal.
Orar por mis hermanos y hermanas en Cristo.

ORACIÓN / *Escribe una oración sobre lo que has*

Amado Dios,
Gracias por ser constante, fiel y amoroso conmigo y con mi
vida. Ayúdame a aumentar mi confianza y fe en ti todos los
días y en los momentos difíciles.
Ayúdame a saber que siempre estás ahí, a mi lado,
guardándome y protegiéndome. Recuérdame el sufrimiento de
los demás y ayúdame a animarlos en su crecimiento.
Te pido todas estas cosas en el nombre de Jesús.
Amén.

O

ES POR ORACIÓN.

Ora la Palabra de Dios.

Pasa un tiempo agradeciéndole

*Si Él te ha revelado algo durante ese tiempo
de oración, considéralo con mayor atención.*

*Confiesa algún pecado que te haya
sido revelado en ese tiempo.*

Y recuerda que Él te ama muchísimo.

Crecí y fui criada en una familia Cristiana, en una pequeña villa llamada Kinyinya en Tanzania. Nos enseñaron a ir a la iglesia y a dar ofrenda, pero no sabía realmente por que iba a la iglesia.

Cuando estaba en la secundaria, conocí a un amigo que me habló sobre el Evangelio y mi vida cambió. Entregue mi vida a Cristo, y desde entonces he caminado y le he servido al Señor. En el 2006, volví al instituto y cuando estaba allí, serví como secretaria de una organización llamada Fraternidad Cristiana de Estudiantes. Servir en esa comunidad me permitió crecer más espiritualmente. Ministramos a nuestros compañeros de estudios, así como a la comunidad circundante, a través del servicio y la evangelización. También serví como traductora durante los servicios de mitad de semana y los domingos.

Mientras trabajaba con una organización internacional, conocí a una mujer que me habló sobre Ama a Dios Grandemente y su ministerio, traduciendo estudios bíblicos a diferentes idiomas. Me ofrecí para traducir estos estudios al suajili. Serví sola sin nadie en mi equipo durante unos tres años. Y siempre le pedía a Dios que me diera más oportunidades para servirle y también por más personas para el equipo, personas que nos ayudaran a traducir los materiales.

Dios ha traído a cinco mujeres al equipo para que trabajemos en los materiales en suahili. Aunque vivimos en diferentes países, somos un equipo. A través de este ministerio y sirviendo a Dios, he sido bendecida con amistades increíbles, y he visto la provisión de Dios. Nuestra rama sigue creciendo, y actualmente tenemos dieciséis mujeres que estudian la Biblia juntas en el idioma suajili.

DIOS SIGUE TRABAJANDO EN MI VIDA, Y LO HE VISTO HACER COSAS MILAGROSAS.

Dios sigue trabajando en mi vida, y lo he visto hacer cosas milagrosas. Él me ha proporcionado un trabajo después de tres años de estar desempleada. Me ha bendecido con una comunidad alrededor del mundo y la oportunidad de servirle. Le doy toda la gloria y el honor sólo a Él.

"Yo fui joven, y ya soy viejo, Y no he visto al justo desamparado, Ni a su descendencia mendigando pan".(Salmos 37:25).

Ester

IDIOMA
Suajili

ESTIMADO
GLOBAL DE
HABLANTES
3,817,000

PARA CONECTARTE CON ESTA RAMA:
Facebook: LGG Swahili
Instagram: @lggswahilibranch
Email: lggswahilibranch@gmail.com

CASA PRINCIPAL LGG

¿CÓMO PUEDES ORAR POR ESTA RAMA?

• Para que Dios traiga más traductoras, editoras de textos, diseñadoras gráficas y una persona que se encargue del manejo de la página web.

• Para que nuestro Grupo de estudio Bíblico crezca y alcance a muchas más mujeres en la comunidad.

• Para que nuestro trabajo esté siempre cubierto por el favor de Dios y tambien todas aquellas personas que usan nuestros materiales.

¿QUIERES AYUDAR?
info@lovegodgreatly.com

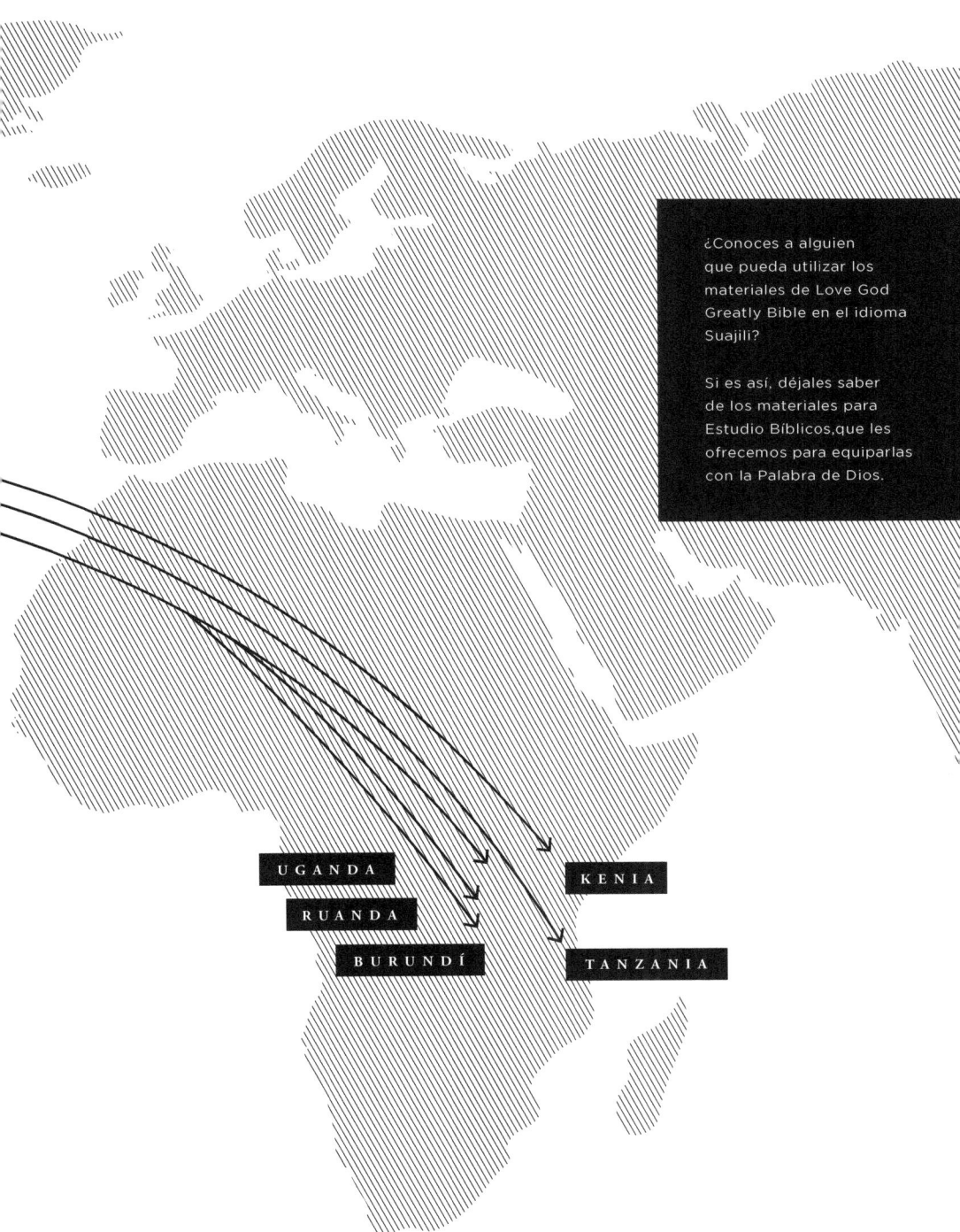

¿Conoces a alguien
que pueda utilizar los
materiales de Love God
Greatly Bible en el idioma
Suajili?

Si es así, déjales saber
de los materiales para
Estudio Bíblicos,que les
ofrecemos para equiparlas
con la Palabra de Dios.

UGANDA

KENIA

RUANDA

BURUNDÍ

TANZANIA

RECETA

LGG Rama Suajili

Ndizi na Nyama

(ESTOFADO DE CARNE Y PLÁTANO)

INGREDIENTES

SOLOMILLO DE TERNERA DE 3/4 LIBRAS (UNOS
350 GRS), CORTADO EN CUBOS PEQUEÑOS

12 PLÁTANOS VERDES

2 TAZAS DE FRIJOLES

1 CUCHARADA DE SAL

4 TOMATES

2 CEBOLLAS GRANDES

4 TAZAS DE AGUA

2 BERENJENAS GRANDES

INSTRUCCIONES

Remoje los frijoles durante 3 horas.

Cortar la carne en cubos pequeños y cocinarla a fuego medio. En otra sartén, hierva los frijoles hasta que estén casi completamente cocidos. Cuando tanto los frijoles como la carne estén listos, agregue los frijoles a la sartén con la carne y continúe cocinando.

Pelar los plátanos y cortarlos por la mitad. Mezcle los plátanos con los frijoles y la carne. Cortar en rodajas las cebollas, los tomates y las berenjenas y agregar a la mezcla de frijoles, plátanos y carne, agregando sal al gusto. Agregue el agua a la sartén y cúbrela, cocinar hasta que los plátanos estén suaves y bien cocidos. Agregue más agua hasta que se alcance la consistencia deseada para la sopa.

¡Sirve caliente y disfruta!

CONOCE ESTAS VERDADES

DIOS TE AMA

La Palabra de Dios dice "Porque de tal manera amó Dios al mundo, que ha dado a su Hijo unigénito, para que todo aquel que en él cree, no se pierda, mas tenga vida eterna" (Juan 3:16).

NUESTRO PECADO NOS SEPARA DE DIOS

Todos somos pecadores por naturaleza y elección y a causa de esto estamos separadas de Dios, que es Santo. La Palabra de Dios dice "por cuanto todos pecaron, y están destituidos de la gloria de Dios" (Romanos 3:23).

JESÚS MURIÓ PARA QUE TÚ PUEDAS VIVIR

La consecuencia del pecado es muerte, pero tu historia no debe terminar ahí. El regalo de la salvación está disponible para cada una de nosotras porque Jesús tomó la culpa por nuestros pecados cuando murió en la cruz.

La Palabra de Dios dice: "Porque la paga del pecado es muerte, más la dádiva de Dios es vida eterna en Cristo Jesús Señor nuestro" (Romanos 6:23); "Mas Dios muestra su amor para con nosotros, en que, siendo aún pecadores, Cristo murió por nosotros" (Romanos 5:8).

¡JESÚS VIVE!

La muerte no lo pudo retener y tres días después de que Su cuerpo fuera colocado en la tumba, resucitó de nuevo, derrotando al pecado para siempre. Él vive en el cielo y está preparando un lugar en la eternidad para todos los que creen en Él.

La Palabra de Dios dice "En la casa de mi Padre muchas moradas hay; si así no fuera, yo os lo hubiera dicho; voy, pues, a preparar lugar para vosotros. Y si me fuere y os preparare lugar, vendré otra vez, y os tomaré a mí mismo, para que donde yo estoy, vosotros también estéis" (Juan 14:2-3)

SÍ, PUEDES SABER QUE ERES PERDONADA

Aceptar a Jesús como Salvador no se trata de lo que tú puedes hacer, sino de tener fe en lo que Jesús ya ha hecho. Implica reconocer que eres pecador, creer que Jesús murió por tus pecados y pedir perdón al poner tu confianza en la obra de Cristo a tu favor.

La Palabra de Dios dice, "que, si confesares con tu boca que Jesús es el Señor, y creyeres en tu corazón que Dios le levantó de los muertos, serás salvo. Porque con el corazón se cree para justicia, pero con la boca se confiesa para salvación" (Romanos 10:9-10).

ACEPTA A JESÚS COMO TU ÚNICO SALVADOR

De manera práctica, ¿cómo se hace? Con un corazón sincero, puedes hacer una sencilla oración como esta:

Jesús,
Sé que soy pecador. No quiero vivir otro día sin aceptar el amor y el perdón que Tú tienes para mí. Pido Tu perdón. Creo que moriste por mis pecados y te levantaste de la muerte. Rindo todo lo que soy y te pido que seas el Señor de mi vida. Ayúdame a volverme de mi pecado y seguirte a Ti. Enséñame lo que significa caminar en libertad y vivir bajo Tu gracia y ayúdame a crecer en Tus caminos a medida que Te busco más y más.
Amén.

CONÉCTATE Y CRECE

Si acabas de hacer esta oración (o alguna parecida con tus propias palabras) puedes escribirnos a amaadiosgrandemente. guisette@gmail.com

Nos encantaría ayudarte a comenzar en este emocionante viaje como hija de Dios.

Comencemos

ELIGIENDO A DIOS EN LUGAR DE LAS COSAS DEL MUNDO

Aprendiendo de las vidas de Jacob y José

Introducción

Estamos constantemente tomando decisiones. A menudo, esas decisiones implican elegir las cosas del mundo o elegir las cosas de Dios. Podemos caer fácilmente en la tentación de elegir lo que es fácil, lo que nos permite salir adelante rápidamente, o lo que creemos que es mejor. Las vidas de Jacob y José nos muestran cómo Dios disciplina a sus hijos cuando se inclinan por las cosas del mundo y cómo los bendice cuando, en cambio, eligen seguirlo a Él.

El libro del Génesis es una combinación de dos relatos. Los capítulos 1-11 registran la creación del mundo por parte de Dios y los comienzos de la humanidad, el pecado, la gracia, la redención y la promesa. Los capítulos 12-50 narran la vida de los patriarcas de la nación elegida por Dios: Abraham, Isaac, Jacob y José. Dios eligió a esta familia para que fuera la que enviará al Mesías al mundo, El que salvaría al mundo del pecado y la muerte.

La mayoría de los eruditos bíblicos coinciden en que el Génesis fue escrito por Moisés durante la época en que los israelitas vagaron por el desierto de Zin, alrededor de 1440 B.C. Las vidas de los patriarcas fueron registradas por Moisés para la generación de israelitas que entrarían en la tierra que Dios había prometido darles. Mientras se preparaban para entrar en la Tierra Prometida de Canaán, las palabras del Génesis les recordaban quién era Su Dios y por qué valía la pena llevar una vida comprometida con Él.

Este estudio bíblico se centra en las vidas de Jacob y José, a partir del capítulo 25 del Génesis. Al estudiar la vida de estos hombres, descubriremos la fidelidad de Dios hacia Su pueblo elegido a través de la promesa, la bendición, la disciplina, el sufrimiento, la persecución, el hambre, la prueba, la reconciliación y la restauración. Jacob y su familia se enfrentaron constantemente a la decisión de seguir los caminos de Dios o seguir los caminos del mundo. Aunque no eran perfectos, Dios siguió trabajando en sus vidas para llevar a cabo los planes que Él tenía para ellos. Dios mismo fue el héroe, moldeando y formando continuamente a su pueblo mientras lo preparaba para el futuro.

Podemos aprender a amar a Dios en gran medida estudiando Su carácter de cumplimiento de las promesas. En este estudio, veremos lo que significa caminar en obediencia, y veremos la fidelidad de Dios para disciplinar a Su pueblo y traerlo de vuelta a Él cuando peca. Dios siempre es fiel a Su pueblo, a Sus promesas y a Su pacto. Que estemos abiertos a aprender todo lo que Él tiene reservado para nosotros, esperando que se nos revele de nuevas maneras mientras buscamos conocerlo a través de Su Palabra.

Además de este estudio, puedes encontrar *"En el Principio y Fe màs que Perfección"* para un estudio completo del libro de Génesis.

SEMANA 1

○ *Lunes*
Lectura: Génesis 25:19–26; Isaías 43:1
EOAO: Isaías 43:1

○ *Martes*
Lectura: Génesis 25:27–34; 1 Juan 2:15–17
EOAO: 1 Juan 2:15–17

○ *Miércoles*
Lectura: Génesis 26:34—28:9; Romanos 9:6–18
EOAO: Génesis 28:3–4

○ *Jueves*
Lectura: Génesis 28:10–22
EOAO: Génesis 28:15

○ *Viernes*
Lectura: Génesis 29:1–30; Gálatas 6:6–10; Hebreos 12:6
EOAO: Gálatas 6:7–9

SEMANA 2

○ *Lunes*
Lectura: Génesis 29:31—30:24; Colosenses 3:1–3
EOAO: Colosenses 3:1–3

○ *Martes*
Lectura: Génesis 30:25–43; Proverbios 3:1–12
EOAO: Proverbios 3:9–10

○ *Miércoles*
Lectura: Génesis 31; 1 Juan 3:18–24
EOAO: 1 Juan 3:23–24

○ *Jueves*
Lectura: Génesis 32:1–21; Salmos 56:3–4, 10–11
EOAO: Salmos 56:3–4

○ *Viernes*
Lectura: Génesis 32:22–32
EOAO: Génesis 32:28

SEMANA 3

○ *Lunes*
Lectura: Génesis 33; 2 Corintios 5:16–21
EOAO: 2 Corintios 5:18–19

○ *Martes*
Lectura: Génesis 34; Romanos 12:17–21
EOAO: Romanos 12:19

○ *Miércoles*
Lectura: Génesis 35; Deuteronomio 30:15–20
EOAO: Deuteronomio 30:15–16

○ *Jueves*
Lectura: Génesis 36:1—37:1; Génesis 27:28–29, 39–40;
Hebreos 10:23; 11:20
EOAO: Hebreos 10:23

○ *Viernes*
Lectura: Génesis 37:2–11; Lucas 16:10
EOAO: Lucas 16:10

SEMANA 4

○ *Lunes*
Lectura: Génesis 37:12–36; 2 Corintios 4:7–18
EOAO: 2 Corintios 4:17–18

○ *Martes*
Lectura: Génesis 38; Rut 4:12; Mateo 1:2–16
EOAO: Rut 4:12

○ *Miércoles*
Lectura: Génesis 39; Santiago 1:2–18
EOAO: Santiago 1:12–13, 17

○ *Jueves*
Lectura: Génesis 40; Salmos 13
EOAO: Salmos 13:5–6

○ *Viernes*
Lectura: Génesis 41
EOAO: Génesis 41:51–52

SEMANA 5

○ *Lunes*
Lectura: Génesis 42; 2 Corintios 7:9–10
EOAO: 2 Corintios 7:9–10

○ *Martes*
Lectura: Génesis 43; 1 Pedro 3:8–9
EOAO: 1 Pedro 3:8–9

○ *Miércoles*
Lectura: Génesis 44; Juan 15:12–13; 1 Juan 1:8—2:2
EOAO: Juan 15:12–13

○ *Jueves*
Lectura: Génesis 45:1–15
EOAO: Génesis 45:5

○ *Viernes*
Lectura: Génesis 45:16—46:30
EOAO: Génesis 46:2–4

SEMANA 6

○ *Lunes*
Lectura: Génesis 46:31—47:27; Proverbios 8:12–17
EOAO: Proverbios 8:15–17

○ *Martes*
Lectura: Génesis 47:28—48:22; Isaías 55:8–9; Filipenses 1:6;
Hebreos 11:13, 21
EOAO: Hebreos 11:13, 21

○ *Miércoles*
Lectura: Génesis 49:1–28; Salmos 139:1–6, 16
EOAO: Salmos 139:16

○ *Jueves*
Lectura: Génesis 49:29—50:26; Éxodo 13:19; Juan 14:1–3
EOAO: Juan 14:1–3

○ *Viernes*
Lectura: Génesis 1:31; 3:4–6; 6:5–8; 18:22–25; 50:19–20
EOAO: Génesis 50:19–20

Es importante que determines tres objetivos en los que deseas enfocarte cada día al realizar tu devocional y profundizar en la Palabra de Dios. Asegúrate de revisarlos en el transcurso de las semanas de estudio para que te apoyen y te ayuden a mantenerte enfocada. ¡Seguro que sí puedes hacerlo!

UNO

....

....

....

....

....

....

....

DOS

....

....

....

....

....

....

....

TRES

....

....

....

....

....

....

....

Como yo
estoy contigo,
te guardaré
dondequiera que
vayas y volveré
a traerte a esta
tierra, porque no
te dejaré hasta
que haya hecho lo
que te he dicho.

Génesis 28:15

Escribe tu oración y tus
agradecimientos de la semana.

....

....

....

....

....

....

....

....

....

....

....

....

DESAFÍO DE LA SEMANA

Dios hizo un pacto con Abram, dándole una gran promesa. Esta semana, lee Génesis 15 y observa la
promesa que Dios le hizo a Abram y a sus descendientes. En la lectura de esta semana, ¿de qué manera
ves a Dios cumpliendo Su promesa a los descendientes de Abram a través de Jacob?

....

....

....

....

....

....

....

....

Génesis 25:19–26

Estas son las generaciones de Isaac hijo de Abraham: Abraham engendró a Isaac. 20 Isaac tenía cuarenta años cuando tomó por mujer a Rebeca, hija de Betuel, arameo de Padan-aram, hermana de Labán arameo. 21 Isaac oró al Señor por su mujer Rebeca, que era estéril; lo aceptó el Señor, y Rebeca concibió. 22 Pero como los hijos luchaban dentro de ella, dijo: —Si es así, ¿para qué vivo yo? Y fue a consultar al Señor; 23 y el Señor le respondió: —Dos naciones hay en tu seno, dos pueblos divididos desde tus entrañas. Un pueblo será más fuerte que el otro pueblo, y el mayor servirá al menor. 24 Cuando se cumplieron sus días para dar a luz, había gemelos en su vientre. 25 El primero salió pelirrojo; era todo velludo como una pelliza, y le pusieron por nombre Esaú. 26 Después salió su hermano, trabada su mano al talón de Esaú, y le pusieron por nombre Jacob. Isaac tenía sesenta años de edad cuando ella los dio a luz.

Isaías 43:1

Ahora, así dice el Señor, Creador tuyo, Jacob, y Formador tuyo, Israel: No temas, porque yo te redimí; te puse nombre, mío eres tú.

EOAO / *Isaías 43:1*
ESCRITURAS / *escribe los versículos del devocional*

_____
_____
_____
_____
_____
_____
_____
_____
_____
_____
_____
_____
_____
_____
_____
_____
_____
_____

OBSERVACIÓN / *escribe 3 - 4 observaciones*

_____
_____
_____
_____
_____
_____
_____
_____
_____
_____

APLICACIÓN / *Escribe por lo menos 1 - 2 aplicaciones*

ORACIÓN / *Escribe una oración sobre lo que has aprendido y lo que Dios te ha revelado.*

EOAO

Isaías 43:1

"Ahora, así dice el Señor, Creador tuyo, Jacob, y Formador tuyo, Israel:
No temas, porque yo te redimí; te puse nombre, mío eres tú."

EN EL TEXTO

El libro de Génesis nos ofrece un relato de la creación de la tierra y del plan de redención de Dios. El pecado entró en el mundo (Génesis 3), trayendo muchas consecuencias para la humanidad. Dios prometió redimir al mundo del pecado y sus efectos enviando un libertador, uno que destruiría al enemigo y la maldición del pecado de una vez por todas.

Dios se valió de una familia para traer a su Hijo, Jesús, al mundo y proporcionar la redención a la humanidad. Esa familia comenzó con un hombre llamado Abram (posteriormente llamado Abraham). Dios prometió hacer de él una gran nación, dar a sus descendientes una tierra propia y bendecir al mundo a través de su familia. Aunque Abram no vio cumplidas estas promesas en su vida, Dios continuó con Sus propósitos a través de los descendientes de Abram. En este estudio, nos centraremos en la vida de Jacob, nieto de Abraham, y su familia. Aunque Jacob no era el primogénito, Dios lo escogió para ser aquel a través del cual Él cumpliría Sus promesas.

La historia de Jacob comienza en el vientre materno, cuando luchaba con su hermano Esaú. Cuando Jacob nació, se agarró al talón de Esaú. Le pusieron el nombre de Jacob, una palabra similar a otra hebrea que significa "agarrar el talón, hacer tropezar, engañar". Jacob se agarró literalmente del talón de Esaú al nacer y fue conocido por la forma en que figurativamente agarró los talones de otros a través del engaño durante gran parte de su vida. A medida que estudiemos la vida de Jacob, veremos todas las formas en que engañó a otros para beneficio personal, tanto por egoísmo como por miedo.

Dios sabía todo lo que Jacob haría en su vida, y aun así lo eligió para ser el heredero de Su gran promesa. Él sabía que Jacob sería un engañador. También sabía que vacilaría en su fe y que a menudo elegiría las cosas del mundo en lugar de las de Dios. Él además sabía que Jacob ejercería una gran fe, Lo adoraría, Lo seguiría, y que sería el padre de la nación elegida por Dios.

Dios eligió a un hombre imperfecto, conocido por el engaño, y cumplió Su gran promesa para el mundo a través de su familia. A medida que se desarrollan los acontecimientos de la vida de Jacobo a lo largo de nuestro estudio, se nos recuerda esta verdad: Dios siempre cumple Sus promesas. Él nos conoce íntimamente, nos formó por completo y nos ama profundamente. Dios desea nuestra obediencia y nuestra fe, pero nada puede frustrar Sus propósitos ni impedir que cumpla Sus promesas.

Génesis 25:27–34

Crecieron los niños. Esaú fue diestro en la caza, hombre del campo; pero Jacob era hombre tranquilo, que habitaba en tiendas. 28 Y amó Isaac a Esaú, porque comía de su caza; pero Rebeca amaba a Jacob. 29 Guisó Jacob un potaje; y al volver Esaú del campo, cansado, 30 dijo a Jacob: —Te ruego que me des a comer de ese guiso rojo, pues estoy muy cansado. (Por eso fue llamado Edom). 31 Jacob respondió: —Véndeme en este día tu primogenitura. 32 Entonces dijo Esaú: —Me estoy muriendo, ¿para qué, pues, me servirá la primogenitura? 33 Dijo Jacob: —Júramelo en este día. Él se lo juró, y vendió a Jacob su primogenitura. 34 Entonces Jacob dio a Esaú pan y del guiso de lentejas; él comió y bebió, se levantó y se fue. Así menospreció Esaú la primogenitura.

1 Juan 2:15–17

No améis al mundo ni las cosas que están en el mundo. Si alguno ama al mundo, el amor del Padre no está en él. 16 Porque todo lo que hay en el mundo, como son las pasiones carnales, los deseos impuros que entran por los ojos y la arrogancia de vida, no proviene del Padre, sino del mundo. 17 Y el mundo y sus pasiones pasan, pero el que hace la voluntad de Dios permanece para siempre.

EOAO / *1 Juan 2:15–17*
ESCRITURAS / *escribe los versículos del devocional*

_____

_____

_____

_____

_____

_____

_____

_____

_____

_____

_____

_____

_____

_____

_____

_____

OBSERVACIÓN / *escribe 3 - 4 observaciones*

_____

_____

_____

_____

_____

_____

_____

_____

APLICACIÓN / *Escribe por lo menos 1 - 2 aplicaciones*

ORACIÓN / *Escribe una oración sobre lo que has aprendido y lo que Dios te ha revelado.*

EOAO

1 Juan 2:15–17

"No améis al mundo ni las cosas que están en el mundo. Si alguno ama al mundo, el amor del Padre no está en él. Porque todo lo que hay en el mundo, como son las pasiones carnales, los deseos impuros que entran por los ojos y la arrogancia de vida, no proviene del Padre, sino del mundo. Y el mundo y sus pasiones pasan, pero el que hace la voluntad de Dios permanece para siempre."

EN EL TEXTO

En el intercambio entre Jacob y Esaú sobre la primogenitura, no encontramos ninguna resolución duradera entre los hermanos ni la aprobación divina de ninguna de sus acciones. Sin embargo, la inclusión de la historia establece varias líneas argumentales importantes: el contraste entre Jacobo y Esaú, el conflicto entre los hermanos y el comienzo del cumplimiento de la promesa de Dios de que el mayor sirva al menor.

Esaú es descrito como un profano que despreciaba las cosas de Dios y buscaba una vida de libertad mundana. Jacob deseaba tan desesperadamente la bendición de Dios que llegaría a cualquier medio para adquirirla. Esaú era salvaje, Jacob era tranquilo. Esaú era fuerte, Jacob era astuto. Esaú fue amado por Isaac y Jacob por Rebeca. Mientras Jacob buscaba adquirir las bendiciones de Dios, Esaú buscaba satisfacer sus deseos carnales. Ambos eran hábiles cazadores, Esaú con la caza salvaje y Jacob en la astucia.

Ni las acciones de Jacob ni las de Esaú en esta historia fueron ejemplares. Esaú permitió que su carne, su deseo de saciar su hambre física, tomara la máxima importancia, incluso sobre las cosas sagradas de Dios. Vivió para satisfacer su carne y actuó por impulso, lo que le hizo despreciar su derecho de nacimiento. Aunque está claro que Jacob manipuló y controló a su hermano para conseguir lo que quería, el texto no hace juicios morales sobre las acciones de Jacob como lo hace con las de Esaú. Dios usó este evento para llevar a cabo Su plan de elevar a Jacob a un lugar de privilegio sobre su hermano, tal como lo había prometido.

A medida que se desarrollan los eventos de la vida de Jacob en Génesis, veremos la importancia de elegir entre el camino de Dios y el camino del mundo o de la ganancia personal. Jacob se enfrentó continuamente a elecciones entre lo mejor de Dios y su propio camino. Como seguidoras de Cristo, estamos llamadas a vivir de manera diferente al mundo. No podemos vivir como lo hizo Esaú, buscando satisfacer nuestra carne. En cambio, debemos buscar las cosas de Dios. Sin embargo, incluso cuando estimamos mucho la bendición de Dios como lo hizo Jacob, no estamos exentas de pecar. Todavía debemos actuar de acuerdo con la ley de Dios, siendo honestas y rectas, incluso si el engaño es la opción más fácil. Las cosas del mundo son pasajeras, pero cuando hacemos la voluntad de Dios encontramos la vida eterna.

Génesis 26:34—28:9

Cuando Esaú tenía cuarenta años, tomó por mujer a Judit, hija de Beeri, el heteo, y a Basemat, hija de Elón, el heteo; 35 y fueron amargura de espíritu para Isaac y para Rebeca. 1 Aconteció que cuando Isaac envejeció y sus ojos se oscurecieron, de modo que quedó sin vista, llamó a Esaú, su hijo mayor, y le dijo: —¡Hijo mío! Él respondió: —Aquí me tienes. 2—Ya soy viejo —dijo Isaac— y no sé el día de mi muerte. 3 Toma, pues, ahora tus armas, tu aljaba y tu arco, y sal al campo a cazarme algo. 4 Hazme un guisado como a mí me gusta; tráemelo y comeré, para que yo te bendiga antes de morir. 5 Rebeca estaba escuchando cuando Isaac hablaba a su hijo Esaú; y se fue Esaú al campo para buscar la caza que había de traer. 6 Entonces Rebeca habló a su hijo Jacob: —Mira, yo he oído a tu padre, que hablaba con tu hermano Esaú y le decía: 7«Tráeme caza y hazme un guisado, para que coma y te bendiga en presencia del Señor antes de morir». 8 Ahora, pues, hijo mío, obedece a mi voz en lo que te mando. 9 Ve ahora al ganado y tráeme de allí dos buenos cabritos, y haré con ellos un guisado para tu padre, como a él le gusta. 10 Tú se lo llevarás a tu padre, y él comerá, para que te bendiga antes de su muerte. 11 Pero Jacob dijo a Rebeca, su madre: —Mi hermano Esaú es hombre velludo, y yo lampiño. 12 Quizá me palpe mi padre; me tendrá entonces por impostor y traeré sobre mí maldición en vez de bendición. 13 Su madre respondió: —Hijo mío, sea sobre mí tu maldición; solamente obedece a mi voz: ve y tráemelos. 14 Entonces él fue, los tomó y los trajo a su madre y ella preparó un guiso como a su padre le gustaba. 15 Después tomó Rebeca los vestidos de Esaú, su hijo mayor, los más preciosos que ella tenía en casa, y vistió a Jacob, su hijo menor. 16 Luego, con las pieles de los cabritos, cubrió sus manos y la parte de su cuello donde no tenía vello, 17 y puso en manos de su hijo Jacob el guisado y el pan que había preparado. 18 Entonces este fue a su padre y dijo: —Padre mío. Isaac respondió: —Aquí me tienes. ¿Quién eres tú, hijo mío? 19—Yo soy Esaú tu primogénito —respondió Jacob—. He hecho como me habías dicho. Levántate ahora, siéntate y come de mi caza, para que me bendigas. 20 Entonces Isaac dijo a su hijo: —¿Cómo es que la hallaste tan pronto, hijo mío? Jacob respondió: —Porque el Señor, tu Dios, hizo que la encontrara delante de mí. 21 Isaac dijo a Jacob: —Acércate ahora y te palparé, hijo mío, para ver si eres o no mi hijo Esaú. 22 Se acercó Jacob a su padre Isaac, quien lo palpó, y dijo: «La voz es la voz de Jacob, pero las manos son las de Esaú». 23 Y no lo reconoció, porque sus manos eran velludas como las manos de Esaú; y lo bendijo. 24 Volvió a preguntar Isaac: —¿Eres tú mi hijo Esaú? Jacob respondió: —Yo soy. 25 Dijo entonces: —Acércamela, y comeré de la caza de mi hijo, para que yo te bendiga. Jacob se la acercó, e Isaac comió; le trajo también vino, y bebió. 26 Y le dijo Isaac, su padre: —Acércate ahora y bésame, hijo mío. 27 Jacob se acercó y lo besó. Olió Isaac el olor de sus vestidos, y lo bendijo: Mira, el olor de mi hijo, como el olor del campo que el Señor ha bendecido. 28 Dios, pues, te dé del rocío del cielo y de los frutos de la tierra, y abundancia de trigo y de mosto. 29 Que te sirvan los pueblos y las naciones se inclinen delante de ti. Sé señor de tus hermanos y ante ti se inclinen los hijos de tu madre. Malditos sean los que te maldigan y benditos los que te bendigan. 30 Aconteció, luego que Isaac acabó de bendecir a Jacob, y apenas había salido Jacob de la presencia de su padre Isaac, que Esaú, su hermano, volvió de cazar. 31 E hizo él también un guisado, lo trajo a su padre y le dijo: —Levántate, padre, come de esto que ha cazado tu hijo y dame tu bendición. 32 Entonces Isaac, su padre, le dijo: —¿Quién eres tú? Y él le respondió: —Yo soy tu hijo, Esaú, tu primogénito. 33 Entonces se estremeció Isaac grandemente, y dijo: —¿Quién es el que ha venido aquí, me ha traído caza, y me la ha dado, de modo que he comido de todo antes de que tú aparecieras? Yo lo he bendecido, y será bendito. 34 Cuando Esaú oyó las palabras de su padre, lanzó un grito atroz, lleno de amargura, y le suplicó: —Bendíceme también a mí, padre mío. 35 Este le replicó: —Ha venido tu hermano con engaño y se ha llevado tu bendición. 36 Esaú respondió: —Bien llamaron su nombre Jacob, pues ya me ha suplantado dos veces: se apoderó de mi primogenitura y ahora se ha llevado mi bendición. Y añadió: —¿No has reservado una bendición para mí? 37 Isaac respondió a Esaú: —Yo lo he puesto por señor tuyo, y le he dado por siervos a todos sus hermanos; de trigo y de vino lo he provisto; ¿qué, pues, haré por ti ahora, hijo mío? 38 Dijo entonces Esaú a su padre: —¿No tienes más que una sola bendición, padre mío? ¡Bendíceme también a mí, padre mío! Y se echó Esaú a llorar y a dar grandes gritos. 39 Entonces Isaac, su padre, le dijo: Será tu morada lejos de la tierra fértil y del rocío que cae de los cielos. 40 De tu espada vivirás, y a tu hermano servirás; pero cuando te fortalezcas sacudirás su yugo de tu cerviz. 41 Aborreció Esaú a Jacob por la bendición con que su padre lo había bendecido, y dijo en su corazón: «Llegarán los días del luto por mi padre, y yo mataré a mi hermano Jacob». 42 Cuando llegaron a oídos de Rebeca estas palabras de Esaú, su hijo mayor, ella mandó llamar a Jacob, su hijo menor, y le dijo: —Esaú, tu hermano, se consuela con la idea de matarte. 43 Ahora, pues, hijo mío, obedece a mi voz: levántate y huye a casa de mi hermano Labán, en Harán, 44 y quédate con él algunos días, hasta que el enojo de tu hermano se mitigue, 45 hasta que se aplaque la ira de tu hermano contra ti y olvide lo que le has hecho; entonces enviaré yo a que te traigan de allá. ¿Por qué seré privada de vosotros dos en un solo día? 46 Luego dijo Rebeca a Isaac: —Mi vida es un fastidio, por culpa de las hititas que viven en esta tierra. Si Jacob toma como mujer a alguna de estas hititas, ¿para qué quiero seguir viviendo? 1 Entonces Isaac llamó a Jacob, lo bendijo y le mandó: —No tomes mujer de las hijas de Canaán. 2 Levántate, ve a Padan-aram, a casa de Betuel, padre de tu madre, y toma allí mujer de las hijas de Labán, hermano de tu madre. 3 Que el Dios Omnipotente te bendiga, te haga fructificar y te multiplique hasta llegar a ser multitud de pueblos; 4 que te dé la bendición de Abraham, y a tu descendencia contigo, para que heredes la tierra en que habitas, la que Dios dio a Abraham. 5 Así envió Isaac a Jacob, el cual fue a Padán Aram, a Labán hijo de Betuel, el arameo, hermano de Rebeca, madre de Jacob y de Esaú. 6 Vio Esaú cómo Isaac había bendecido a Jacob y lo había enviado a Padan-aram, para que tomara allí mujer para sí; y que cuando lo bendijo le había mandado: «No tomarás mujer de las hijas de Canaán»; 7 y que Jacob había obedecido a su padre y a su madre, y se había ido a Padan-aram. 8 Vio asimismo Esaú que las hijas de Canaán no agradaban a Isaac, su padre; 9 y se fue Esaú a Ismael, y tomó para sí por mujer, además de sus otras mujeres, a Mahalat, hija de Ismael hijo de Abraham, hermana de Nebaiot.

Romanos 9:6–18

No es que la palabra de Dios haya fallado, pues no todos los que son de Israel son israelitas, 7 ni por ser descendientes de Abraham, son todos hijos suyos, como está escrito: A través de Isaac tendrás tu descendencia. 8 Esto quiere decir que no son hijos de Dios los hijos naturales, sino que son considerados como descendencia los hijos según la promesa. 9 Y la palabra de la promesa es esta: Por este tiempo vendré y Sara tendrá un hijo. 10 Y no solo esto, también está el caso de Rebeca que concibió gemelos de Isaac nuestro antepasado. 11 Y aunque aún no habían nacido, ni habían hecho aún ni bien ni mal, pero para confirmar que el propósito de Dios es conforme a la elección y no por las obras sino por el que llama, 12 Dios le dijo a Rebeca que el mayor serviría al menor. 13 Como está escrito: A Jacob amé, pero a Esaú aborrecí. 14 ¿Entonces, qué diremos? ¿Que Dios es injusto? ¡De ninguna manera! 15 Porque Dios le dijo a Moisés: Tendré misericordia del que yo tenga misericordia y me compadeceré del que yo me compadezca. 16 Así que no depende del que quiere, ni del que corre, sino de Dios que tiene misericordia. 17 Porque la Escritura le dice al Faraón: Para esto mismo te he levantado, para mostrar en ti mi poder y para que mi nombre sea anunciado por toda la tierra. 18 De manera que Dios tiene misericordia de quien él quiere, y endurece al que él quiere endurecer.

ESCRIBE
Reflexiona

....
....
....
....
....
....
....
....
....
....
....
....
....
....
....
....

EOAO / *Génesis 28:3–4*
ESCRITURAS / *escribe los versículos del devocional*

OBSERVACIÓN / *escribe 3 - 4 observaciones*

APLICACIÓN / *Escribe por lo menos 1 - 2 aplicaciones*

ORACIÓN / *Escribe una oración sobre lo que has aprendido y lo que Dios te ha revelado.*

EOAO

Génesis 28:3-4

"Que el Dios Omnipotente te bendiga, te haga fructificar y te multiplique hasta llegar a ser multitud de pueblos; que te dé la bendición de Abraham, y a tu descendencia contigo, para que heredes la tierra en que habitas, la que Dios dio a Abraham."

EN EL TEXTO

Aunque los mandamientos de Dios son claros y Sus bendiciones abundantes, a menudo creamos situaciones a través del engaño y la manipulación que destruyen nuestras relaciones. Las acciones de la familia de Jacob nos ofrecen una advertencia: independientemente de lo que creamos que merecemos, siempre es mejor confiar en la provisión de Dios que confiar en nuestros planes.

Dios fue claro en Su elección de bendecir a Jacob. Romanos 9 explica cómo Dios eligió bendecir a Jacob y no a Esaú, el primogénito de Isaac. En lugar de creer en la promesa de Dios y esperar que Él actuara, Jacob confió en sus planes y métodos para recibir la bendición. Engañó a su padre y a su hermano y destruyó efectivamente las relaciones familiares.

De hecho, Dios tenía un plan para bendecir a Jacob que no incluía un fracaso moral. Sin embargo, a pesar del pecado de Jacob, Dios lo bendijo. Dios permitió que Jacob obtuviera la bendición de esta manera. Aunque Dios más tarde disciplinaría a Jacob, le mostró misericordia al darle la bendición. Dios está obrando en todos los aspectos de nuestras vidas, incluso a través de nuestro pecado y desobediencia. Incluso en nuestra falta de confianza en Él, Él puede (y lo hace) cumplir Sus propósitos, pero podemos obtener angustia y dolor innecesarios cuando seguimos nuestro propio camino. Cuando Dios hace una promesa, ya tiene un plan para cumplirla.

Cuando Isaac envió a Jacob a Padán Aram para encontrar una esposa, le recordó las promesas que Dios le hizo a Abraham. Dios convertiría a Jacob en una gran nación, le daría la tierra y permitiría que sus descendientes fueran una bendición para todas las personas de la tierra. Las promesas de Dios no habían sido frustradas por malas decisiones. Su promesa de pacto a la familia de Abraham continuaría. Aunque siempre hubo amenazas a la promesa, Dios siempre cumplió. Fue fiel a Abraham y fiel a Isaac. Continuaría siendo fiel a Jacob y sus descendientes en el futuro, cumpliendo el pacto que hizo con Abraham.

Aunque pequemos, Dios puede usarnos. Él puede convertir nuestros conflictos en bendiciones y traer paz a las relaciones rotas. Él puede redimir y obrar para bien a través de cualquier acto de pecado, sin importar cuán grave sea. Dios se asegura que seamos restauradas. Él se especializa en usar personas quebrantadas. La Biblia registra verazmente incluso los fracasos de los "héroes de la fe" para que podamos ver el carácter misericordioso de Dios. Él redime, restaura y reconstruye incluso los corazones, las relaciones, las comunidades y las naciones más destrozadas. Podemos confiar en Él.

Génesis 28:10–22

Jacob, pues, salió de Beerseba y fue a Harán. 11 Llegó a un cierto lugar y durmió allí, porque ya el sol se había puesto. De las piedras de aquel paraje tomó una para su cabecera y se acostó en aquel lugar. 12 Y tuvo un sueño: Vio una escalera que estaba apoyada en la tierra, pero su extremo tocaba el cielo. Ángeles de Dios subían y bajaban por ella. 13 El Señor estaba en lo alto de ella y decía: —Yo soy el Señor, el Dios de Abraham, tu padre, y el Dios de Isaac; la tierra en que estás acostado te la daré a ti y a tu descendencia. 14 Será tu descendencia como el polvo de la tierra, y te extenderás al occidente, al oriente, al norte y al sur, y todas las familias de la tierra serán benditas en ti y en tu simiente. 15 Como yo estoy contigo, te guardaré dondequiera que vayas y volveré a traerte a esta tierra, porque no te dejaré hasta que haya hecho lo que te he dicho. 16 Cuando Jacob despertó de su sueño, dijo: —Ciertamente el Señor está en este lugar, y yo no lo sabía. 17 Entonces tuvo miedo y exclamó: —¡Cuán terrible es este lugar! No es otra cosa que casa de Dios y puerta del cielo. 18 Se levantó Jacob de mañana, y tomó la piedra que había puesto de cabecera, la alzó por señal y derramó aceite encima de ella. 19 Y a aquel lugar le puso por nombre Bet-el, aunque Luz era el nombre anterior de la ciudad. 20 Allí hizo voto Jacob: —Si va Dios conmigo y me guarda en este viaje en que estoy, si me da pan para comer y vestido con que cubrirme, 21 y si vuelvo en paz a casa de mi padre, el Señor será mi Dios. 22 Y esta piedra que he puesto por señal será casa de Dios; y de todo lo que me des, el diezmo apartaré para ti.

EOAO / *Génesis 28:15*
ESCRITURAS / *escribe los versículos del devocional*

_____

_____

_____

_____

_____

_____

_____

_____

_____

_____

_____

_____

_____

_____

_____

_____

_____

OBSERVACIÓN / *escribe 3 - 4 observaciones*

_____

_____

_____

_____

_____

_____

_____

_____

APLICACIÓN / *Escribe por lo menos 1 - 2 aplicaciones*

ORACIÓN / *Escribe una oración sobre lo que has aprendido y lo que Dios te ha revelado.*

EOAO

Génesis 28:15

"Como yo estoy contigo, te guardaré dondequiera que vayas y volveré a traerte a esta tierra, porque no te dejaré hasta que haya hecho lo que te he dicho."

EN EL TEXTO

Jacob había engañado a su padre y a su hermano. Aunque su padre también lo había bendecido, Esaú todavía estaba enojado con Jacob, por lo que este rápidamente se convirtió en un fugitivo a causa de su pecado. Cuando emprendió su viaje, tanto para encontrar una esposa como para escapar de la ira de su hermano, las palabras de despedida de su padre confirmaron la bendición y la promesa de Dios.

Mientras viajaba, Jacob llegó a cierto lugar y acampó para pasar la noche. Aunque inicialmente el lugar parecía no tener importancia, se convirtió en un lugar santo para Jacob y sus descendientes. Fue en este lugar donde comenzó el viaje de fe de Jacob.

Dios se le apareció en un sueño, revelándose a Sí mismo y Sus promesas. Dios le dio a Jacob la misma promesa específica que le había dado a su padre y a su abuelo: tendría muchos descendientes, recibiría la tierra y todas las familias de la tierra serían bendecidas a través de él. Dios prometió estar con Jacob, para protegerlo y nunca lo abandonaría.

Cuando Jacob se despertó, reconoció el encuentro divino. Reconoció la presencia de Dios y la santidad del lugar. Jacob llamó al lugar Betel. El lugar donde descansó fue un pueblo llamado Luz, pero Jacob le cambió el nombre. Como muchos lugares involucrados en la promesa de Dios, este lugar fue renombrado porque marcó un punto de inflexión significativo en el cumplimiento de la promesa. Fue aquí que el Señor se convirtió en el Dios de Jacob y Jacob juró adorarlo.

El viaje de fe de Jacob estuvo lleno de importantes puntos de inflexión. Aquí, la presencia de Dios convirtió a un fugitivo en un adorador. Un hombre de engaño se convirtió en un hombre de fe (aunque lucharía con este pecado durante muchos años). No sería la última vez que Jacob tendría un encuentro a medianoche con Dios que cambiaría su vida. Jacob juró recordar este momento y este lugar marcando el lugar con una piedra.

La presencia de Dios llenó el lugar donde estaba Jacob. Este no había hecho nada para merecerse el favor de Dios. Dios lo escogió y continuó buscándolo, y Jacob respondió en adoración. Cuando nos encontramos con la presencia de Dios a través de Su Palabra, nos debería llevar a adorarle. No necesitamos esperar un encuentro de medianoche para experimentar la presencia de Dios. Si somos seguidoras de Cristo, podemos experimentar la presencia de Dios y la seguridad de Sus promesas todos los días a través de Su Palabra y Su Espíritu Santo. Él está con nosotras como lo estuvo con Jacob. Nos ha dado increíbles promesas en Su Palabra. Respondamos como lo hizo Jacob, con adoración y compromiso.

Génesis 29:1–30

Siguió luego Jacob su camino y fue a la tierra de los orientales. 2 Vio un pozo en el campo y tres rebaños de ovejas que yacían cerca de él, porque de aquel pozo abrevaban los ganados; y había una gran piedra sobre la boca del pozo. 3 Cuando se juntaban allí todos los rebaños, los pastores quitaban la piedra de la boca del pozo y abrevaban las ovejas; luego volvían la piedra a su lugar sobre la boca del pozo. 4 Jacob les preguntó: —Hermanos míos, ¿de dónde sois? —De Harán somos —respondieron ellos. 5—¿Conocéis a Labán hijo de Nacor? —volvió a preguntar. —Sí, lo conocemos —respondieron. 6—¿Está bien? —insistió Jacob. —Muy bien —dijeron los pastores—. Mira, ahí viene su hija Raquel con las ovejas. 7 Él dijo: —Es aún muy de día; no es tiempo todavía de recoger el ganado. Abrevad las ovejas e id a apacentarlas. 8 Ellos respondieron: —No podemos, hasta que se junten todos los rebaños y se remueva la piedra de la boca del pozo. Entonces daremos de beber a las ovejas. 9 Mientras él aún hablaba con ellos, Raquel vino con el rebaño de su padre, porque ella era la pastora. 10 Y sucedió que cuando Jacob vio a Raquel, hija de Labán, hermano de su madre, y las ovejas de Labán, el hermano de su madre, se acercó Jacob y removió la piedra de la boca del pozo, y abrevó el rebaño de Labán, hermano de su madre. 11 Luego Jacob besó a Raquel y se echó a llorar. 12 Jacob le contó a Raquel que él era hermano de su padre e hijo de Rebeca, y ella corrió a dar la noticia a su padre. 13 Cuando Labán oyó las noticias de Jacob, hijo de su hermana, corrió a recibirlo y lo abrazó, lo besó y lo trajo a su casa. Entonces él contó a Labán todas estas cosas. 14 Y Labán le dijo: —De verdad que eres hueso mío y carne mía. Y estuvo con él durante un mes. 15 Entonces dijo Labán a Jacob: —¿Por ser tú mi hermano me vas a servir de balde? Dime cuál ha de ser tu salario. 16 Labán tenía dos hijas: el nombre de la mayor era Lea, y el nombre de la menor, Raquel. 17 Los ojos de Lea eran delicados, pero Raquel era una mujer hermosa. 18 Jacob amaba a Raquel, y dijo: —Yo te serviré siete años por Raquel, tu hija menor. 19 Labán respondió: —Mejor es dártela a ti que a otro hombre; quédate conmigo. 20 Así sirvió Jacob siete años por Raquel; y le parecieron como pocos días, porque la amaba. 21 Un día dijo Jacob a Labán: —Ya se ha cumplido el tiempo, dame a mi mujer para que me una a ella. 22 Entonces Labán juntó a todos los hombres de aquel lugar y ofreció un banquete. 23 Pero sucedió que al llegar la noche tomó a su hija Lea y se la trajo; y Jacob se acostó con ella. 24 Además, Labán le dio a su hija Lea, por criada, a su sierva Zilpa. 25 Cuando llegó la mañana, Jacob vio que era Lea, y dijo a Labán: —¿Qué es esto que me has hecho? ¿No te he servido por Raquel? ¿Por qué, pues, me has engañado? 26 Labán respondió: —No es costumbre en nuestra tierra dar la menor antes de la mayor. 27 Cumple la semana de esta, y se te dará también la otra por el servicio que me prestes otros siete años. 28 Así lo hizo Jacob. Cumplió aquella semana y él le dio a su hija Raquel por mujer. 29 Asimismo, Labán dio su sierva Bilha a su hija Raquel por criada. 30 Jacob se acostó también con Raquel, y la amó más que a Lea; y trabajó para Labán siete años más.

Gálatas 6:6–10

El que recibe enseñanza en la palabra haga partícipe de toda cosa buena al que le enseña. 7 No os engañéis; Dios no puede ser burlado, pues todo lo que el hombre siembre, eso también cosechará. 8 El que siembra para su carne, de su carne cosechará destrucción; pero el que siembra para el Espíritu, del Espíritu cosechará vida eterna. 9 No nos cansemos, pues, de hacer bien, porque a su tiempo cosecharemos, si no nos desanimamos. 10 Así que, según tengamos oportunidad, hagamos bien a todos, y mayormente a los de la familia de la fe.

Hebreos 12:6

Porque el Señor disciplina al que ama, y castiga a todo el que recibe por hijo.

ESCRIBE
Reflexiona

....
....
....
....
....
....
....
....
....
....
....
....
....
....
....
....
....

EOAO / *Gálatas 6:7–9*
ESCRITURAS / *escribe los versículos del devocional*

OBSERVACIÓN / *escribe 3 - 4 observaciones*

ORACIÓN / *Escribe una oración sobre lo que has aprendido y lo que Dios te ha revelado.*

EOAO

Gálatas 6:7–9

"No os engañéis; Dios no puede ser burlado, pues todo lo que el hombre siembre, eso también cosechará. El que siembra para su carne, de su carne cosechará destrucción; pero el que siembra para el Espíritu, del Espíritu cosechará vida eterna. No nos cansemos, pues, de hacer bien, porque a su tiempo cosecharemos, si no nos desanimamos."

EN EL TEXTO

Después del sueño que Jacob tuvo en Betel, él continuó su viaje. Llegó a un pozo que había sido tapado para regular la distribución de agua a los rebaños cercanos. Mientras hablaba con los pastores descubrió que conocían a su tío Labán y que su hija venía a ese pozo con sus ovejas. Jacob reconoció la divina providencia de Dios cuando Raquel, la hija de su tío, llegó al mismo pozo.

Dios estaba obrando poderosamente en la vida de Jacob. Cuando Raquel llegó con sus ovejas, Jacob quitó la piedra que cubría el pozo para que sus ovejas pudieran beber. La bendición de Dios en la vida de Jacob lo llevó a hacer grandes actos de servicio a los demás. Tenía confianza en la dirección de Dios y eso lo llevó a bendecir a quienes lo rodeaban.

Como Jacob se quedó con Labán, se enamoró de Raquel. A cambio de casarse con ella, Jacob prometió trabajar para Labán durante siete años. Sin embargo, cuando llegó el momento de que Raquel fuese entregada a Jacob, el engañador fue engañado. Labán le dio a Lea, su hija primogénita, en lugar de Raquel. Aunque pudo casarse con Raquel poco después, Jacob tuvo que trabajar otros siete años por su segunda esposa.

Jacob cosechó lo que había sembrado. Jacob había engañado a su padre ya su hermano, y ahora él había sido engañado. Jacob no era el primogénito, pero había robado la bendición del primogénito. Labán engañó a Jacob al darle su hija primogénita. Las similitudes no son coincidencia; Dios usó la deshonestidad de Labán a Jacob para disciplinar a Jacob por su pecado de engaño.

Dios todavía estaba obrando poderosamente en la vida de Jacob. Así como el encuentro junto al pozo fue una bendición, también lo fue esta disciplina. En lugar de dejar a Jacob con su pecado, Dios intervino y lo disciplinó para quitar el pecado de su vida. La disciplina que recibió Jacob no negó la promesa de Dios; la solidificó. Para que Jacob recibiera las bendiciones de la promesa, también sería disciplinado como hijo de Dios.

La bendición de Dios se manifiesta en nuestras vidas de dos maneras: encuentros divinos y disciplina divina. Cuando Dios nos muestra nuestro pecado y nos permite arrepentirnos, en verdad es una bendición. Aunque no sea siempre agradable o cómoda, la disciplina de Dios es un regalo. Sigamos sembrando en el Espíritu y aceptemos la disciplina de nuestro amoroso Padre celestial mientras recogemos una cosecha para Su reino.

1. *¿Por qué es importante nuestra fe para Dios? ¿Por qué es importante la obediencia a los mandamientos de Dios? ¿Cómo se relacionan los dos?*

....
....
....

2. *¿Qué significa elegir las cosas de Dios? ¿Puedes elegir las cosas de Dios y las cosas del mundo? ¿Por qué o por qué no?*

....
....
....

3. *¿Crees que Dios proveerá para ti sin tu ayuda? ¿De qué manera dependes de tu propia fuerza o inteligencia en lugar de depender de Dios?*

....
....
....

4. *¿Cómo respondes cuando Dios interviene en tu vida? ¿Eres guiada a adorar como lo fue Jacob, o tiendes a explicar Su obra como mera coincidencia?*

....
....
....

5. *¿Has experimentado momentos en los que Dios te ha disciplinado claramente? ¿Ves la disciplina de Dios como una bendición?*

....
....
....

Así pues, si habéis resucitado con Cristo, buscad las cosas de arriba, donde está Cristo sentado a la derecha de Dios. Poned la mira en las cosas del cielo, no en las de la tierra. Porque habéis muerto y vuestra vida está escondida con Cristo en Dios.

Colosenses 3:1–3

Escribe tu oración y tus
agradecimientos de la semana.

....

....

....

....

....

....

....

....

....

....

....

....

DESAFÍO DE LA SEMANA

Esta semana, anota los principales acontecimientos de la vida de Jacob. ¿Ocurren estas cosas debido
a los planes de Jacob o a la liberación de Dios en su vida? ¿Cómo afecta la manipulación o la
impaciencia de Jacob a cada resultado? Tómate el tiempo para reflexionar sobre las formas en que
Jacob intenta "ayudar" a Dios a cumplir Sus propósitos.

....

....

....

....

....

....

....

Génesis 29:31–30:24

Vio el Señor que Lea era menospreciada, y le dio hijos; en cambio, Raquel era estéril. 32 Concibió Lea y dio a luz un hijo, y le puso por nombre Rubén, porque dijo: «Ha mirado el Señor mi aflicción: ahora me amará mi marido». 33 Concibió otra vez y dio a luz un hijo, y dijo: «Por cuanto oyó el Señor que yo era menospreciada, me ha dado también este». Y le puso por nombre Simeón. 34 Concibió otra vez y dio a luz un hijo, y dijo: «Desde ahora se unirá mi marido conmigo, porque le he dado a luz tres hijos». Por tanto, le puso por nombre Leví. 35 Concibió otra vez y dio a luz un hijo, y dijo: «Esta vez alabaré al Señor»; por esto llamó su nombre Judá. Y dejó de dar a luz. 1 Al ver Raquel que no daba hijos a Jacob, tuvo envidia de su hermana, y dijo a Jacob: —¡Dame hijos, o si no, me muero! 2 Jacob se enojó con Raquel y le replicó: —¿Soy yo acaso Dios, que te ha negado el fruto de tu vientre? 3 Entonces ella le dijo: —Aquí está mi sierva Bilha; acuéstate con ella, y que dé a luz sobre mis rodillas. Así yo también tendré hijos de ella. 4 Le dio a Bilha, su sierva, por mujer, y Jacob se acostó con ella. 5 Bilha concibió y dio a luz un hijo a Jacob. 6 Dijo entonces Raquel: —Me ha juzgado Dios, pues ha oído mi voz y me ha dado un hijo. Por tanto, llamó su nombre Dan. 7 Concibió otra vez Bilha, la sierva de Raquel, y dio a luz un segundo hijo a Jacob. 8 Y dijo Raquel: —Dios me ha hecho competir duramente con mi hermana, pero he vencido. Y le puso por nombre Neftalí. 9 Al ver Lea que había dejado de dar a luz, tomó a su sierva Zilpa, y la dio a Jacob por mujer. 10 Y Zilpa, sierva de Lea, dio a luz un hijo a Jacob. 11 Entonces dijo Lea: —¡Qué dicha! Y le puso por nombre Gad. 12 Luego Zilpa, la sierva de Lea, dio a luz otro hijo a Jacob. 13 Y dijo Lea: —Para dicha mía, porque las mujeres me llamarán dichosa. Y le puso por nombre Aser. 14 En el tiempo de la siega del trigo halló Rubén en el campo unas mandrágoras que trajo a Lea, su madre. Y dijo Raquel a Lea: —Te ruego que me des de las mandrágoras de tu hijo. 15 Ella respondió: —¿Te parece poco haberme quitado mi marido, para que también quieras llevarte las mandrágoras de mi hijo? Raquel dijo: —Pues dormirá contigo esta noche a cambio de las mandrágoras de tu hijo. 16 A la tarde, cuando Jacob volvía del campo, salió Lea a su encuentro y le dijo: —Hoy pasarás la noche conmigo, porque te he alquilado a cambio de las mandrágoras de mi hijo. Y Jacob durmió aquella noche con ella. 17 Dios oyó a Lea, que concibió y dio a luz el quinto hijo a Jacob. 18 Y dijo Lea: —Dios me ha dado mi recompensa, por cuanto di mi sierva a mi marido. Por eso lo llamó Isacar. 19 Después concibió Lea otra vez, y dio a luz el sexto hijo a Jacob. 20 Y dijo Lea: —Dios me ha dado una buena dote; ahora vivirá conmigo mi marido, porque le he dado a luz seis hijos. Y le puso por nombre Zabulón. 21 Por último dio a luz una hija, y le puso por nombre Dina. 22 Y se acordó Dios de Raquel, la oyó Dios y le abrió la matriz. 23 Concibió, pues, ella y dio a luz un hijo. Y exclamó: —Dios ha quitado mi afrenta. 24 Y le puso por nombre José, y dijo: —¡Quiera el Señor darme un hijo más!

Colosenses 3:1–3

Así pues, si habéis resucitado con Cristo, buscad las cosas de arriba, donde está Cristo sentado a la derecha de Dios. 2 Poned la mira en las cosas del cielo, no en las de la tierra. 3 Porque habéis muerto y vuestra vida está escondida con Cristo en Dios.

ESCRIBE
Reflexiona

....

....

....

....

....

....

....

....

....

....

....

....

....

....

....

....

....

EOAO / *Colosenses 3:1–3*
ESCRITURAS / *escribe los versículos del devocional*

_____

_____

_____

_____

_____

_____

_____

_____

_____

_____

_____

_____

_____

_____

_____

_____

_____

_____

OBSERVACIÓN / *escribe 3 - 4 observaciones*

_____

_____

_____

_____

_____

_____

_____

_____

_____

APLICACIÓN / *Escribe por lo menos 1 - 2 aplicaciones*

ORACIÓN / *Escribe una oración sobre lo que has aprendido y lo que Dios te ha revelado.*

EOAO

Colosenses 3:1–3

"Así pues, si habéis resucitado con Cristo, buscad las cosas de arriba, donde está Cristo sentado a la derecha de Dios. Poned la mira en las cosas del cielo, no en las de la tierra. Porque habéis muerto y vuestra vida está escondida con Cristo en Dios."

EN EL TEXTO

Un tema constante a lo largo de la segunda mitad de Génesis es la diferencia entre una vida que busca las cosas de Dios y una que busca las cosas del mundo. Jacob y los miembros de su familia se enfrentaron constantemente a elecciones que los obligaron a decidir si elegirían o no las cosas de Dios. En la lectura de hoy, vemos cómo una vida que elige las cosas de Dios puede incluir la entrega de los mayores deseos de nuestro corazón.

Lea y Raquel estaban en constante competencia. Raquel fue amada por Jacob; Lea pudo tener muchos hijos. Incluso utilizaron a sus sirvientas para tener más hijos, como una forma de ganarle a la otra. La rivalidad entre las hermanas era un síntoma de su fe débil. Mostró que sus mayores deseos eran las cosas del mundo: el amor de un esposo y tener hijos.

Desear hijos o el afecto de un esposo no es pecaminoso en sí mismo. Sin embargo, cuando estos deseos hicieron que Lea y Raquel compitieran entre sí, usaran a los demás como objetos y crearan conflictos en su familia, se alejaron de las cosas de Dios.

Si bien esta rivalidad mostró la fe débil de las hermanas, su confianza en el carácter de Dios se muestra en la forma en que nombraron a sus hijos. Los hijos de Israel muestran el carácter de Dios a través de los nombres que les dieron: se acuerda y atiende a los necesitados, bendice a los oprimidos y quita el oprobio de su pueblo, aunque ensucie el camino.

La narración de la familia de Jacob tiene como objetivo mostrar cómo Dios bendijo a la familia de la promesa. Los muchos hijos de Jacob muestran los comienzos de la promesa de Dios de hacer que los descendientes de Abraham fueran tan numerosos como las estrellas en el cielo. Sin embargo, a lo largo de la narración, nos distrae la competencia entre las hermanas. La rivalidad distrajo a las hermanas de apreciar la bendición de los muchos hijos que Dios le estaba dando a Jacob.

Aunque Lea y Raquel a menudo se distraían con los celos y la competencia, Dios derramó Sus bendiciones sobre ellas. No hacemos nada para ganar ninguno de los dones que Él nos da, pero ciertamente Él bendice nuestra obediencia. Las cosas que deseamos no deben impedirnos alabar y obedecer a Dios; deben acercarnos más a Él, ya sea a través de fervientes y desesperados gritos de ayuda o mediante una adoración alegre y agradecida.

Génesis 30:25–43

Cuando Raquel dio a luz a José, Jacob dijo a Labán: —Déjame ir a mi lugar, a mi tierra. 26 Dame a mis mujeres, por las que te he servido, y a mis hijos, y déjame ir; pues tú sabes los servicios que te he prestado. 27 Labán le respondió: —Si yo significo algo para ti, por favor, quédate; he experimentado que el Señor me ha bendecido por tu causa. 28 Y añadió: —Dime cuánto quieres ganar, que yo te lo pagaré. 29 Jacob respondió: —Tú sabes cómo te he servido y cómo ha estado tu ganado conmigo, 30 porque poco tenías antes de mi venida, y ha crecido en gran número; el Señor te ha bendecido con mi llegada. Y ahora, ¿cuándo trabajaré también para mi propia casa? 31 Labán le preguntó entonces: —¿Qué te daré? Y respondió Jacob: —No me des nada. Si haces esto por mí, volveré a apacentar tus ovejas. 32 Hoy pasaré por entre tu rebaño y apartaré todas las ovejas manchadas y salpicadas de color y todas las ovejas de color oscuro, y las manchadas y moteadas entre las cabras. Eso será mi salario, 33 y la garantía de mi honradez el día de mañana. Cuando vengas a ver lo que he ganado, cualquier cabra no manchada o moteada y cualquier oveja no oscura, que estén en mi poder, es que las he robado. 34 Dijo entonces Labán: —Bien, sea como tú dices. 35 Pero Labán apartó aquel mismo día los machos cabríos manchados y rayados, todas las cabras manchadas y salpicadas de color, toda aquella que tenía en sí algo de blanco y todas las de color oscuro entre las ovejas, y las puso en manos de sus hijos. 36 Y puso tres días de camino entre él y Jacob. Mientras tanto, Jacob apacentaba las otras ovejas de Labán. 37 Tomó entonces Jacob varas verdes de álamo, de avellano y de castaño, y labró en ellas unas franjas blancas, de modo que se descubría así lo blanco de las varas. 38 Puso las varas que había descortezado delante del ganado, en los canales de los abrevaderos adonde venían a beber agua las ovejas, las cuales procreaban cuando venían a beber. 39 Así concebían las ovejas delante de las varas; y parían borregos listados, pintados y salpicados de diversos colores. 40 Apartaba Jacob los corderos, y ponía con su propio rebaño los listados y todo lo que era oscuro del hato de Labán. Y ponía su hato aparte, no con las ovejas de Labán. 41 Y sucedía que cuantas veces se hallaban en celo las ovejas más fuertes, Jacob ponía las varas delante de ellas en los abrevaderos, para que concibieran a la vista de las varas. 42 Pero cuando venían las ovejas más débiles, no las ponía; así, las más débiles eran para Labán y las más fuertes para Jacob. 43 Y se enriqueció Jacob muchísimo, y tuvo muchas ovejas, siervas y siervos, camellos y asnos.

Proverbios 3:1–12

Hijo mío, no te olvides de mi ley, y que tu corazón guarde mis mandamientos, 2 porque muchos días y años de vida y de paz te aumentarán. 3 Nunca se aparten de ti la misericordia y la verdad: átalas a tu cuello, escríbelas en la tabla de tu corazón 4 así obtendrás estima y favor ante los ojos de Dios y de los hombres. 5 Confía en el Señor con todo tu corazón y no te apoyes en tu propia prudencia. 6 Reconócelo en todos tus caminos y él hará derechas tus veredas. 7 No seas sabio en tu propia opinión, sino teme al Señor y apártate del mal, 8 porque esto será medicina para tus músculos y refrigerio para tus huesos. 9 Honra al Señor con tus bienes y con las primicias de todos tus frutos; 10 entonces tus graneros estarán colmados con abundancia y tus lagares rebosarán de mosto. 11 No menosprecies, hijo mío, el castigo del Señor, no te canses de que él te corrija, 12 porque el Señor al que ama corrige, como el padre al hijo a quien quiere.

ESCRIBE
Reflexiona

....
....
....
....
....
....
....
....
....
....
....
....
....
....
....
....
....

EOAO / *Proverbios 3:9–10*
ESCRITURAS / *escribe los versículos del devocional*

_____

_____

_____

_____

_____

_____

_____

_____

_____

_____

_____

_____

_____

_____

_____

_____

OBSERVACIÓN / *escribe 3 - 4 observaciones*

_____

_____

_____

_____

_____

_____

_____

_____

_____

APLICACIÓN / *Escribe por lo menos 1 - 2 aplicaciones*

ORACIÓN / *Escribe una oración sobre lo que has aprendido y lo que Dios te ha revelado.*

EOAO

Proverbios 3:9–10

"Honra al Señor con tus bienes y con las primicias de todos tus frutos; entonces tus graneros estarán colmados con abundancia y tus lagares rebosarán de mosto."

EN EL TEXTO

Génesis 29 y 30 registran la prosperidad de Jacob; primero, su familia se amplió con muchos hijos, luego aumentaron sus posesiones, específicamente los rebaños de ovejas y cabras. Dios había prometido bendecir a Jacob y hacerlo grande (Génesis 28:13–15) y estos eventos eran evidencia de que Dios cumplió Su promesa.

De manera común entre Jacob y Labán ellos estaban siempre encontrando oportunidades para engañarse el uno al otro. Tanto Labán como Jacob reconocieron el gran éxito que había tenido Labán mientras Jacob trabajaba para él. Ahora, era tiempo de que Jacob recibiera sus ganancias. En el primer acto de engaño, Labán quitó las ovejas y cabras rayadas y manchadas de sus rebaños, haciendo imposible que Jacob recibiera su pago.

Seguidamente, Jacob usó sus propios métodos para asegurarse de que hubiera muchas ovejas y cabras rayadas y manchadas en los rebaños, especialmente las fuertes y sanas. Si fue en respuesta a las acciones de Labán o si había sido su plan todo el tiempo, no estamos seguras. Como lectoras, nos preguntamos si el continuo engaño mutuo de Jacob y Labán terminará alguna vez. Pero lo que está claro es que Jacob prosperó incluso en medio del engaño de Labán.

Jacob reconoció el crecimiento de sus rebaños como una bendición de Dios (Génesis 31:9). Aunque había sido engañado y aunque él mismo había practicado el engaño, Dios bendijo a Jacob y aumentó sus posesiones. No fue la astucia de Jacob lo que lo hizo prosperar, sino la misericordiosa bendición de Dios. Nunca necesitaremos recurrir a métodos pecaminosos para recibir los buenos dones de Dios. Sin embargo, aunque Jacob no era perfecto, Dios obró a su favor. Dios hizo justicia por el engaño de Labán al permitir que Jacob prosperara. Dios anuló los dispositivos de Labán y Jacob para llevar a cabo Su plan para bendecir a Jacob y a sus descendientes.

Aunque al principio él confió en sus propios recursos, Jacob reconoció su prosperidad como una bendición de Dios. Cuando prosperamos en nuestras vidas, de cualquier forma, ¿lo reconocemos como una bendición de Dios o como nuestro propio éxito? La autosuficiencia dañará nuestra fe. Cuando confiamos en nosotras mismas para la salvación, la bendición y la prosperidad, le quitamos a Dios el honor que solo Él merece. Elegir el camino de Dios significa confiar en Él lo suficiente como para obedecerle, incluso cuando nuestros planes parezcan la opción más confiable. La verdadera bendición solo puede venir de Dios, y estamos llamadas a confiar en Él, pase lo que pase.

Génesis 31

Jacob oía las palabras de los hijos de Labán, que decían: «Jacob ha tomado todo lo que era de nuestro padre, y de lo que era de nuestro padre ha adquirido toda esta riqueza». 2 Miraba también Jacob el semblante de Labán, y veía que ya no lo trataba como antes. 3 Entonces el Señor dijo a Jacob: «Vuélvete a la tierra de tus padres, a tu parentela, y yo estaré contigo». 4 Envió, pues, Jacob a llamar a Raquel y a Lea al campo donde estaban sus ovejas, 5 y les dijo: —Veo que vuestro padre ya no me mira como antes; pero el Dios de mi padre ha estado conmigo. 6 Vosotras sabéis que con todas mis fuerzas he servido a vuestro padre; 7 pero vuestro padre me ha engañado y me ha cambiado el salario diez veces, si bien Dios no le ha permitido que me hiciera daño. 8 Si él decía: «Los pintados serán tu salario», entonces todas las ovejas parían pintados; y si decía: «Los listados serán tu salario», entonces todas las ovejas parían listados. 9 Así ha quitado Dios el ganado de vuestro padre y me lo ha dado a mí. 10 Sucedió, cuando las ovejas estaban en celo, que alcé yo mis ojos y vi en sueños que los machos que cubrían a las hembras eran listados, pintados y moteados. 11 Y me dijo el ángel de Dios en sueños: «Jacob». Y yo respondí: «Aquí me tienes». 12 Entonces él dijo: «Alza ahora tus ojos, y verás que todos los machos que cubren a las hembras son listados, pintados y moteados, pues yo he visto todo lo que Labán te ha hecho. 13 Yo soy el Dios de Bet-el, donde tú ungiste la piedra y donde me hiciste un voto. Levántate ahora y sal de esta tierra; vuélvete a la tierra donde naciste». 14 Respondieron Raquel y Lea: —¿Tenemos acaso parte o heredad en la casa de nuestro padre? 15 ¿No nos tiene ya por extrañas, pues que nos vendió y hasta se ha comido del todo lo que recibió por nosotras? 16 Toda la riqueza que Dios le ha quitado a nuestro padre es nuestra y de nuestros hijos; ahora, pues, haz todo lo que Dios te ha dicho. 17 Se levantó, pues, Jacob y montó a sus hijos y a sus mujeres sobre los camellos; 18 y puso en camino todo su ganado y todo cuanto había adquirido, que era su ganancia de Padan Aram, y se dispuso a volver a Isaac, su padre, en la tierra de Canaán. 19 Como Labán había ido a trasquilar sus ovejas, Raquel hurtó los ídolos de su padre; 20 y Jacob engañó a Labán, el arameo, al no decirle que se iba. 21 Huyó, pues, con todo lo que tenía; se levantó, pasó el Éufrates y se dirigió a los montes de Galaad. 22 Al tercer día le dijeron a Labán que Jacob había huido. 23 Entonces Labán tomó consigo a sus parientes, y fue tras Jacob. Siete días después lo alcanzó en los montes de Galaad. 24 Pero aquella noche vino Dios en sueños a Labán, el arameo, y le dijo: —¡Cuidado con amenazar a Jacob! 25 Alcanzó, pues, Labán a Jacob, que había fijado su tienda en el monte; y acampó Labán con sus parientes en los montes de Galaad. 26 Entonces dijo Labán a Jacob: —¿Qué has hecho? ¿Por qué me has engañado y te has llevado a mis hijas como prisioneras de guerra? 27¿Por qué te escondiste para huir, y me engañaste, y no me lo hiciste saber para que yo te despidiera con alegría y con cánticos, con pandero y arpa? 28 Pues ni aun me dejaste besar a mis hijos y a mis hijas. Esta vez has obrado insensatamente. 29 Yo tengo poder para haceros daño; pero el Dios de tu padre me habló anoche y me dijo: «¡Cuidado con amenazar a Jacob!». 30 Y ya que te ibas, pues añorabas la casa de tu padre, ¿por qué hurtaste mis dioses? 31 Respondió Jacob a Labán: —Porque tuve miedo, pues pensé que quizá me quitarías por la fuerza a tus hijas. 32 Aquel en cuyo poder halles tus dioses, ¡que no viva! Reconoce delante de nuestros hermanos lo que yo tenga tuyo, y llévatelo. Desde luego, Jacob no sabía que Raquel los había hurtado. 33 Entró Labán en la tienda de Jacob, en la tienda de Lea y en la tienda de las dos siervas, y no los halló. Salió de la tienda de Lea y entró en la tienda de Raquel. 34 Pero Raquel tomó los ídolos y los puso en la montura de un camello, y se sentó sobre ellos. Labán rebuscó por toda la tienda y no los encontró. 35 Entonces ella dijo a su padre: —No se enoje mi señor, si no me puedo levantar delante de ti; tengo la menstruación. Como Labán siguió rebuscando sin hallar los ídolos, 36 Jacob se enojó y riñó con Labán, y le dijo: —¿Qué falta he cometido? ¿Cuál es mi pecado, para que con tanto ardor hayas venido en mi persecución? 37 Al registrar todas mis cosas, ¿qué has hallado de todos los enseres de tu casa? Ponlo aquí delante de mis hermanos y de los tuyos, y juzguen entre nosotros. 38 Estos veinte años he estado contigo; tus ovejas y tus cabras nunca abortaron, ni yo comí carnero de tus ovejas. 39 Nunca te traje lo arrebatado por las fieras: yo pagaba el daño; lo hurtado, así de día como de noche, a mí me lo cobrabas. 40 De día me consumía el calor y de noche la helada, y el sueño huía de mis ojos. 41 Así he estado veinte años en tu casa: catorce años te serví por tus dos hijas y seis por tu ganado, y has cambiado mi salario diez veces. 42 Si el Dios de mi padre, Dios de Abraham y temor de Isaac, no hubiera estado conmigo, sin duda me enviarías ahora con las manos vacías; pero Dios ha visto mi aflicción y el trabajo de mis manos, y anoche te reprendió. 43 Respondió Labán a Jacob: —Las hijas son hijas mías; los hijos, hijos míos son; las ovejas son mis ovejas, y todo lo que tú ves es mío: ¿qué les puedo yo hacer hoy a estas mis hijas, o a los hijos que ellas han dado a luz? 44 Ven ahora, pues, y hagamos pacto tú y yo, y sirva por testimonio entre nosotros dos. 45 Entonces Jacob tomó una piedra y la levantó por señal. 46 Y dijo Jacob a sus hermanos: —Recoged piedras. Tomaron, pues, piedras e hicieron un montón, y comieron allí sobre aquel montón. 47 Labán lo llamó «Jegar Sahaduta»; y Jacob lo llamó «Galaad». 48 Entonces Labán dijo: —Este montón de piedras es testigo hoy entre nosotros dos. Por eso fue llamado su nombre Galaad; 49 y también Mizpa, por cuanto dijo: —Que el Señor vele entre tú y yo cuando nos hayamos separado el uno del otro. 50 Si maltratas a mis hijas o si tomas otras mujeres además de mis hijas, aunque nadie esté con nosotros, mira, Dios es testigo entre nosotros dos. 51 Además, Labán le dijo a Jacob: —Mira este montón de piedras y esta señal que he erigido entre tú y yo. 52 Testigo sea este montón de piedras y testigo sea esta señal de que ni tú ni yo traspasaremos esta línea para hacernos daño. 53 Que el Dios del padre de nuestros padres, el Dios de Abraham y el Dios de Nacor, juzgue entre nosotros. Jacob juró por aquel a quien temía Isaac, su padre. 54 Luego Jacob inmoló víctimas en el monte, y llamó a sus hermanos a comer pan. Ellos comieron pan y durmieron aquella noche en el monte. 55 Se levantó Labán de mañana y besó a sus hijos y a sus hijas, y los bendijo; después de eso se fue de regreso a su lugar.

ESCRIBE
Reflexiona

....
....
....
....
....
....
....
....
....
....
....
....
....
....
....
....
....

EOAO / *1 Juan 3:23–24*
ESCRITURAS / *escribe los versículos del devocional*

_____

_____

_____

_____

_____

_____

_____

_____

_____

_____

_____

_____

_____

_____

_____

_____

_____

_____

OBSERVACIÓN / *escribe 3 - 4 observaciones*

_____

_____

_____

_____

_____

_____

_____

_____

APLICACIÓN / *Escribe por lo menos 1 - 2 aplicaciones*

_____
_____
_____
_____
_____
_____
_____
_____
_____
_____
_____
_____
_____

ORACIÓN / *Escribe una oración sobre lo que has aprendido y lo que Dios te ha revelado.*

_____
_____
_____
_____
_____
_____
_____
_____
_____
_____
_____
_____
_____
_____
_____
_____

EOAO

1 Juan 3:23–24

"Y este es su mandamiento: que creamos en el nombre de su Hijo Jesucristo y nos amemos unos a otros como nos lo ha mandado. El que cumple sus mandamientos permanece en Dios, y Dios en él. Y sabemos que él está en nosotros por el Espíritu que nos ha dado."

EN EL TEXTO

Cuando estudiamos Génesis desde una perspectiva literaria, aprendemos mucho sobre Jacob. Él es el protagonista, la persona que cambia en la narración. Labán es el antagonista, la persona que provoca el cambio en el protagonista.

Un gran cambio tuvo lugar en Jacob durante su tiempo en Padán Aram. Jacob llegó como un engañador a quien Dios le había dado una gran promesa. A través de la disciplina de Dios y al experimentar él mismo el engaño de Labán, la identidad de Jacob como engañador parecía haber cambiado. Jacob reconoció cómo Dios lo había bendecido: solo por Su gracia.

Dios se encontró con Jacob en un sueño en Betel, prometiéndole bendecirlo y protegerlo, y Jacob respondió prometiendo volver a la tierra de su padre (Génesis 28:10-22). En este punto, Dios se encontró con Jacob en un segundo sueño y le indicó que tomara a su familia y sus posesiones y regresara a la tierra. Jacob obedeció.

Cuando Jacob reconoció la forma en que Dios cumplió su promesa, fue fiel en cumplir el voto que le hizo a Dios. Aunque Jacob no era perfecto, estos eventos muestran cómo se estaba volviendo a Dios y se alejaba de sus propios planes. En lugar de continuar la batalla con Labán, Jacob se fue, obedeciendo las instrucciones de Dios. Dios ordenó el regreso de Jacob, por lo que la protección de Dios para él y su familia era segura. Las bendiciones de Dios se habían derramado sobre Jacob a través de sueños, disciplina, una familia y muchas posesiones, y era hora de que Jacob cambiara, actuara en obediencia y siguiera a Dios.

No importa nuestro pasado, no importa cuántas veces hayamos actuado como Jacob, engañando a otros o confiando en nuestras propias habilidades, siempre podemos elegir ser obedientes al Creador. Sea que nos reconciliamos por primera vez con Dios o que estemos volviendo a Él, Él siempre está dispuesto a perdonarnos. Podemos volvernos a Él y comprometernos con la fidelidad, seguras de que Él será misericordioso.

Jacob fue obediente al mandato específico de Dios de regresar a casa. Dios nos ha ordenado claramente que creamos en Su Hijo Jesucristo y que nos amemos unos a otros. Cuando seguimos los mandamientos de Dios, podemos estar seguras de Su protección. Porque cuando Él elige bendecirnos y nosotras, en obediencia a Él, creemos en Su Hijo, podemos estar seguras de que Su amor y Su gracia cubrirán nuestras vidas.

Génesis 32:1–21

2 Jacob siguió su camino, y le salieron al encuentro unos ángeles de Dios. 2 Dijo Jacob cuando los vio: «Campamento de Dios es este», y llamó a aquel lugar Mahanaim. 3 Envió Jacob mensajeros por delante al encuentro de su hermano Esaú, a la tierra de Seír, campo de Edom. 4 Y los mandó con este mensaje: —Diréis a mi señor Esaú: «Así dice tu siervo Jacob: "Con Labán he vivido, y con él he estado hasta ahora; 5 tengo vacas, asnos, ovejas, siervos y siervas; y envío a decir esto a mi señor, con la esperanza de ganarme tu favor"». 6 Los mensajeros regresaron a Jacob y le dijeron: —Fuimos a ver a tu hermano Esaú; él también viene a recibirte, y cuatrocientos hombres vienen con él. 7 Jacob sintió mucho miedo y se angustió; distribuyó en dos campamentos el pueblo que tenía consigo, y las ovejas, las vacas y los camellos, 8 porque pensó: «Si viene Esaú contra un campamento y lo ataca, el otro campamento escapará». 9 Luego dijo Jacob: —Dios de mi padre Abraham y Dios de mi padre Isaac, Señor, que me dijiste: «Vuélvete a tu tierra y a tu parentela, y yo te haré bien», 10 ¡no merezco todas las misericordias y toda la verdad con que has tratado a tu siervo!; pues con mi cayado pasé este Jordán, y ahora tengo a mi cargo dos campamentos. 11 Líbrame ahora de manos de mi hermano, de manos de Esaú, porque le temo; no venga acaso y me hiera a la madre junto con los hijos. 12 Y tú has dicho: «Yo te haré bien, y tu descendencia será como la arena del mar, que por ser tanta no se puede contar». 13 Durmió allí aquella noche, y tomó de lo que le vino a la mano un regalo para su hermano Esaú: 14 doscientas cabras y veinte machos cabríos, doscientas ovejas y veinte carneros, 15 treinta camellas paridas con sus crías, cuarenta vacas y diez novillos, veinte asnas y diez borricos. 16 Lo entregó a sus siervos, cada manada por separado, y dijo a sus siervos: —Pasad delante de mí y poned

espacio entre manada y manada. 17 Mandó al primero: —Si mi hermano Esaú te encuentra y te pregunta: «¿De quién eres? ¿Y adónde vas? ¿Y para quién es esto que llevas delante de ti?», 18 entonces dirás: «Es un regalo que tu siervo Jacob envía a mi señor Esaú. También él viene detrás de nosotros». 19 Mandó también al segundo, al tercero y a todos los que iban detrás de aquellas manadas: —Esto mismo diréis a Esaú cuando lo halléis. 20 Y diréis también: «Tu siervo Jacob viene detrás de nosotros». Pues Jacob pensó: «Apaciguaré su ira con el regalo que va delante de mí, y después veré su rostro. Quizá así me perdone». 21 Pasó, pues, el regalo delante de él, y él durmió aquella noche en el campamento.

Salmos 56:3–4

Pero yo, cuando tengo miedo, en ti confío. 4 En Dios, cuya palabra alabo, en Dios he confiado. No temeré. ¿Qué puede hacerme el hombre?

Salmos 56:10–11

En Dios, cuya palabra alabo, en el Señor, cuya palabra ensalzo, 11 en Dios he confiado. No temeré. ¿Qué puede hacerme el hombre?*

ESCRIBE
Reflexiona

....
....
....
....
....
....
....
....
....
....
....
....
....
....
....
....
....

EOAO / *Salmos 56:3–4*
ESCRITURAS / *escribe los versículos del devocional*

OBSERVACIÓN / *escribe 3 - 4 observaciones*

APLICACIÓN / *Escribe por lo menos 1 - 2 aplicaciones*

ORACIÓN / *Escribe una oración sobre lo que has aprendido y lo que Dios te ha revelado.*

EOAO

Salmos 56:3–4

"Pero yo, cuando tengo miedo, en ti confío. En Dios, cuya palabra alabo, en Dios he confiado. No temeré. ¿Qué puede hacerme el hombre?"

EN EL TEXTO

Dios estaba con Jacob. Dios lo llamó de una tierra extraña para volver a la tierra prometida, la tierra de sus padres. Dios protegió a Jacob del daño, impidiendo que Labán, su suegro y enemigo, le hiciera daño a él o a su familia. Jacob caminaba en obediencia, cumpliendo su voto de regresar a la tierra prometida y caminar con su Dios.

Pero entonces Esaú, su hermano y primer enemigo, se acercaba. Aunque Dios lo protegió de Labán, Jacob estaba muy asustado y perturbado. Le había robado a su hermano la bendición como primogénito, y la última vez que se vieron, Esaú había jurado matarlo.

Muy temprano en la vida de Jacob, se reveló su astucia. Era astuto e inteligente, hábil para conseguir lo que quería. Sabía cómo manipular una situación o engañar a una persona para lograr sus planes. Hasta este punto, no hay registro de él buscando la ayuda de Dios. Las escenas que rodean este evento muestran el desarrollo del carácter de Jacob. Confió en que Dios lo protegería de Labán y fue obediente al mandato de Dios de regresar a la tierra. En todas las situaciones anteriores que manipuló Jacob, nunca se registra que oró antes de actuar. Sin embargo, ahora, cuando su primer enemigo se aproximaba con 400 hombres, Jacob buscó la protección y la liberación de Dios.

Aunque estaba empezando a cambiar, Jacob todavía desarrolló un plan para salvarse. Los regalos que apartó para Esaú fueron un intento de devolverle la bendición que le había robado años antes. Jacob buscó apaciguar a su hermano dándole una gran parte de la bendición que Dios le había asignado a él, no a Esaú. El regalo de Jacob muestra que tenía tanto miedo de la ira de Esaú que estaba dispuesto a renunciar a lo que Dios le había dado divinamente. Jacob le pidió a Dios que lo rescatara, pero luego trató de rescatarse a sí mismo.

¿Con qué frecuencia nosotras, como Jacob, buscamos la protección, la provisión o la sabiduría de Dios y luego continuamos con nuestros planes? Mientras buscamos elegir las cosas de Dios y no las cosas del mundo, debemos reconocer que a menudo tenemos que esperar la respuesta de Dios. Sus planes nunca se frustran, sus bendiciones nunca se retrasan, pero nuestra tendencia a tener miedo y estar molestas nos lleva a confiar fácilmente en nosotras mismas para la liberación. En lugar de confiar en Su tiempo, tendemos a tomar medidas extremas para garantizar nuestro rescate. Confiemos en Dios en todas las circunstancias y esperemos Su liberación.

Génesis 32:22–32

Se levantó aquella noche, tomó a sus dos mujeres, a sus dos siervas y a sus once hijos, y pasó el vado de Jaboc. 23 Los tomó, pues, y les hizo pasar el arroyo a ellos y a todo lo que tenía. 24 Así se quedó Jacob solo; y alguien luchó con él hasta que rayaba el alba. 25 Cuando aquel hombre vio que no podía con él, tocó en el sitio del encaje de su muslo, y se descoyuntó el muslo de Jacob mientras luchaba con él. 26 Y dijo: —Déjame, porque raya el alba. Jacob le respondió: —No te dejaré, si no me bendices. 27—¿Cuál es tu nombre? —le preguntó el hombre. —Jacob —respondió él. 28 Entonces aquel hombre dijo: —Ya no te llamarás Jacob, sino Israel, porque has luchado con Dios y con los hombres, y has vencido. 29—Declárame ahora tu nombre —le preguntó Jacob. —¿Por qué me preguntas por mi nombre? — respondió el hombre. Y lo bendijo allí mismo. 30 Jacob llamó Peniel a aquel lugar, porque dijo: «He visto a Dios cara a cara, y ha sido librada mi alma». 31 Ya había pasado de Peniel cuando salió el sol; y cojeaba a causa de su cadera. 32 Por esto, hasta el día de hoy los israelitas no comen del tendón que se contrajo, y que está en la coyuntura del muslo; porque aquel hombre golpeó a Jacob en esta parte de su muslo, en el tendón que se contrajo.

EOAO / *Génesis 32:28*
ESCRITURAS / *escribe los versículos del devocional*

OBSERVACIÓN / *escribe 3 - 4 observaciones*

APLICACIÓN / *Escribe por lo menos 1 - 2 aplicaciones*

ORACIÓN / *Escribe una oración sobre lo que has aprendido y lo que Dios te ha revelado.*

EOAO

Génesis 32:28

"Entonces aquel hombre dijo: —Ya no te llamarás Jacob, sino Israel, porque has luchado con Dios y con los hombres, y has vencido."

EN EL TEXTO

En hebreo, el nombre de Jacob se pronuncia Ya'aqob. Suena como la palabra 'aqab, que significa "agarrar el talón" o "engañar". 'Aqab significa literalmente "agarrar el talón", pero se usaba en sentido figurado para describir el engaño o metafóricamente hacer tropezar para sacar ventaja. Jacob literalmente agarró el talón de su hermano gemelo cuando nació, y en sentido figurado lo hizo tropezar para sacar ventaja durante gran parte de su vida.

Jacob era un engañador. Engañó a su hermano Esaú, a su padre Isaac y a su tío y suegro Labán. Ser un engañador se había convertido en la identidad de Jacob. Incluso era su nombre. Sin embargo, en las últimas escenas que hemos leído, el autor de Génesis describió un cambio que se estaba produciendo en Jacob. Obedeció a Dios y volvió a la tierra de sus padres. Luego, oró y le pidió a Dios que lo librara de su hermano Esaú. Su comportamiento estaba cambiando. Pero la noche en el río Jaboc fue la noche que finalmente cambiaría la identidad de Jacob.

Jacob luchó con un hombre esa noche. Antes de que saliera el sol, el hombre le dijo a Jacob que lo dejara ir. Cuando Jacob se negó a dejarlo ir sin la bendición, el hombre le preguntó su nombre. Jacob nuevamente enfrentó la realidad de quién era él: un engañador. En ese momento, Dios cambió su identidad: "Tu nombre ya no será Jacob, sino Israel, porque has peleado con Dios y con los hombres y has vencido."

En ese momento, Dios le dio a Jacob una nueva identidad. Dios lo caracterizó por lo que se convertiría, no por lo que había sido. Dios le dio una nueva identidad como promesa de lo que continuaría haciendo. Dios continuaría cumpliendo Su promesa hecha a Jacob, bendiciéndolo como lo hizo con su padre y su abuelo. Jacob recibiría la bendición, y Dios aún obtendría la gloria. Jacob quedó lisiado la noche antes de enfrentarse a su primer enemigo; se enfrentó al hombre que había jurado matarlo y estaba físicamente incapacitado. No pudo ser liberado por su propia fuerza. Dios le dejó claro que solo Él era su fuente de liberación; Él solo lo haría.

Es increíblemente misericordioso de parte de Dios librarnos de nuestra autosuficiencia. Dios logrará Sus propósitos solo con Su poder. Él no necesita nuestra ayuda para cumplir Sus planes o Sus promesas. No importa los planes que podamos crear, Dios dejará en claro que es solo Él quien nos libera, solo Él es quien salva.

1. *¿Cuáles son algunas de las grandes bendiciones que Dios te ha dado? Haz una lista de tantas como puedas. ¿Eres más propensa a celebrar estas bendiciones o a comparar las bendiciones que has recibido con las bendiciones que otros han recibido de Dios? ¿Cómo puedes luchar contra un espíritu de comparación hoy?*

....

....

....

2. *¿Reconoces a Dios como la fuente de todo tu éxito? ¿En qué área de tu vida tiendes a confiar en tus propios dispositivos en lugar de confiar en el plan de Dios?*

....

....

....

3. *¿Eres obediente a los mandamientos de Dios? ¿Has creído en Su Hijo? ¿Amas a los demás? ¿Amas a los demás incluso cuando no son amables contigo o intentan engañarte o dominarte?*

....

....

....

4. *¿En qué área de tu vida a menudo le pides a Dios la liberación, pero luego creas tus propios planes de rescate? ¿Qué pasaría si esperaras en Dios la liberación?*

....

....

....

5. *¿De qué manera Dios ha transformado tu identidad? ¿De qué manera has visto a Dios despojarte de la autosuficiencia?*

....

....

....

Mira, yo he puesto delante
de ti hoy la vida y el bien,
la muerte y el mal, porque
yo te mando hoy que ames
al Señor, tu Dios, que
andes en sus caminos y
guardes sus mandamientos,
sus estatutos y sus decretos,
para que vivas y seas
multiplicado, y el Señor, tu
Dios, te bendiga en la tierra
a la cual vas a entrar para
tomarla en posesión.

Deuteronomio 30:15–16

Escribe tu oración y tus
agradecimientos de la semana.

....

....

....

....

....

....

....

....

....

....

....

....

DESAFÍO DE LA SEMANA

Reflexiona sobre los eventos de la vida de Jacob que hemos leído hasta ahora. ¿Hubiera Dios liberado
a Jacob sin el comportamiento astuto de Jacob? ¿Se perdió Jacob la bendición de Dios a causa
de la autosuficiencia y el engaño? ¿Cómo mostraron los hijos de Jacob las mismas tendencias de
autosuficiencia y engaño?

....

....

....

....

....

....

....

Génesis 33

Alzó Jacob sus ojos y vio que venía Esaú con cuatrocientos hombres; entonces repartió él los niños entre Lea, Raquel y las dos siervas. 2 Puso a las siervas con sus niños delante, luego a Lea con sus niños, y detrás a Raquel y a José. 3 Y é
l pasó delante de ellos y se inclinó a tierra siete veces, hasta que llegó a su hermano. 4 Pero Esaú corrió a su encuentro, se echó sobre su cuello, le abrazó y le besó; los dos lloraron. 5 Después Esaú levantó sus ojos, vio a las mujeres y los niños, y dijo: —¿Quiénes son estos? —Son los niños que Dios ha dado a tu siervo —dijo Jacob. 6 Luego vinieron las siervas y sus hijos, y se inclinaron. 7 Vino Lea con sus hijos, y se inclinaron; y después llegaron José y Raquel, y también se inclinaron. 8 Preguntó entonces Esaú: —¿Qué te propones con todos estos grupos que he encontrado? —Lograr que mi señor me reciba amistosamente— respondió Jacob. 9 Dijo entonces Esaú: —Yo tengo bastante, hermano mío; quédate con lo tuyo. 10 Jacob replicó: —No, yo te ruego; si realmente me has perdonado, acepta mi regalo, porque he visto tu rostro como si hubiera visto el rostro de Dios, pues que con tanta bondad me has recibido. 11 Acepta, te ruego, el regalo que te he traído, pues Dios me ha favorecido y todo lo que hay aquí es mío. E insistió hasta que Esaú lo tomó. 12 Y dijo Esaú: —Anda, vamos; yo iré delante de ti. 13 Jacob respondió: —Mi señor sabe que los niños son débiles, y que tengo ovejas y vacas recién paridas; si las fatigan, en un día morirán todas las ovejas. 14 Vaya ahora mi señor delante de su siervo, y yo iré poco a poco al paso del ganado que va delante de mí y al paso de los niños, hasta que llegue a Seír, donde está mi señor. 15 Dijo Esaú: —Dejaré ahora contigo parte de la gente que viene conmigo. Jacob respondió: —¿Para qué, si he hallado gracia a los ojos de mi señor? 16 Así volvió Esaú aquel día por su camino a Seír. 17 Y

Jacob fue a Sucot; allí se edificó una casa e hizo cabañas para su ganado; por tanto, puso por nombre Sucot a aquel lugar. 18 Después Jacob, cuando regresaba de Padán Aram, llegó sano y salvo a la ciudad de Siquem, que está en la tierra de Canaán, y acampó delante de la ciudad. 19 Compró a los hijos de Hamor, padre de Siquem, por cien monedas, la parte del campo donde había plantado su tienda, 20 erigió allí un altar y lo llamó «El-Elohe-Israel».

2 Corintios 5:16–21

6 De manera que, de aquí en adelante, nosotros no conocemos a nadie desde el punto de vista humano; y si aun conocimos a Cristo desde el punto de vista humano, ya no lo conocemos así. 17 De modo que el que está en Cristo, es una nueva criatura: las cosas viejas pasaron, y ahora todo es hecho nuevo. 18 Y todo esto proviene de Dios, quien nos reconcilió consigo mismo por medio de Cristo, y nos dio el ministerio de la reconciliación: 19 Porque ciertamente Dios estaba en Cristo reconciliando consigo al mundo, sin tomarles en cuenta sus pecados, y a nosotros nos encargó la palabra de la reconciliación. 20 Así que, somos embajadores en nombre de Cristo, y como si Dios rogara por medio de nosotros, os rogamos en nombre de Cristo: Reconciliaos con Dios. 21 Al que no conoció pecado, por nosotros lo hizo pecado, para que en él nosotros seamos hechos justicia de Dios.

ESCRIBE
Reflexiona

....
....
....
....
....
....
....
....
....
....
....
....
....
....
....
....

EOAO / *2 Corintios 5:18–19*
ESCRITURAS / *escribe los versículos del devocional*

_____

_____

_____

_____

_____

_____

_____

_____

_____

_____

_____

_____

_____

_____

_____

OBSERVACIÓN / *escribe 3 - 4 observaciones*

_____

_____

_____

_____

_____

_____

_____

_____

APLICACIÓN / *Escribe por lo menos 1 - 2 aplicaciones*

ORACIÓN / *Escribe una oración sobre lo que has aprendido y lo que Dios te ha revelado.*

EOAO

2 Corintios 5:18–19

"Y todo esto proviene de Dios, quien nos reconcilió consigo mismo por medio de Cristo, y nos dio el ministerio de la reconciliación: Porque ciertamente Dios estaba en Cristo reconciliando consigo al mundo, sin tomarles en cuenta sus pecados, y a nosotros nos encargó la palabra de la reconciliación."

EN EL TEXTO

Cuando Jacob emprendió su viaje de regreso a la tierra de sus padres, parecía alejarse de su vida de decepción y engaño. Se reconcilió con Dios durante la noche en Peniel cuando fue bendecido y se le dio un nuevo nombre. Jacob no hizo nada para merecer esta gracia.

Jacob y Esaú se reunieron, pero cada uno percibió su reconciliación de una manera muy diferente. Esaú saludó a Jacob como a un hermano. Reconoció que él también había sido bendecido y que no necesitaba el regalo de Jacob. Ofreció proteger a Jacob, su familia y sus posesiones, mostrando bondad y amor a su hermano. En contraste, Jacob saludó a Esaú como un sirviente a su señor. Jacob se sometió a Esaú, ofreciendo regalos como restitución por sus errores pasados. Dios mostró Su continua protección a Jacob a través de su reconciliación con Esaú.

La obra de Dios fue evidente durante el viaje de Jacob a casa. La reconciliación entre Jacob y Esaú fue un increíble acto de gracia. Dios cambió el corazón y la actitud de Esaú hacia el hermano que lo había agraviado. Y Dios obró en ambos hermanos para lograr esta reconciliación. Esaú pasó de buscar venganza a abrazar a su hermano, y Jacob pasó del orgullo y la arrogancia, a la humildad y la generosidad. Esta reconciliación fue un don de Dios y sólo Él la realizó.

Nosotras también necesitamos la reconciliación. Debido al pecado, necesitamos reconciliarnos con Dios, pero no hay nada que podamos hacer para lograrlo. Es Dios, por Su increíble gracia, quien nos reconcilió consigo mismo. Somos reconciliadas con Dios cuando ponemos nuestra fe en Su Hijo. Y debido a Su don de reconciliación, nosotras también podemos reconciliarnos con los demás. Elegir estar en paz con los demás es una de las formas en que elegimos las cosas de Dios. Porque Él nos ha dado un gran mensaje para el mundo de perdón y reconciliación. No es una respuesta humana normal al conflicto, sin embargo, a través del ministerio de Cristo, podemos reconciliarnos con los demás, confiando solo en Dios para hacer el trabajo de redimir incluso las relaciones más rotas.

Génesis 34

Dina, la hija que Lea había dado a luz a Jacob, salió a ver a las mujeres del lugar. 2 Y la vio Siquem hijo de Hamor, el heveo, príncipe de aquella tierra; la tomó, se acostó con ella y la deshonró. 3 Pero tan atraído se sintió por Dina, la hija de Lea, que se enamoró de la joven y trató de ganarse su corazón. 4 Entonces dijo Siquem a Hamor, su padre: —Tómame por mujer a esta joven. 5 Se enteró Jacob de que Siquem había deshonrado a Dina, su hija. Pero como sus hijos estaban con su ganado en el campo, calló Jacob hasta que ellos regresaran. 6 Mientras tanto, Hamor, el padre de Siquem, se dirigió a Jacob para hablar con él. 7 Los hijos de Jacob regresaron del campo cuando lo supieron; se entristecieron los hombres y se enojaron mucho, porque se había cometido una ofensa contra Israel al acostarse con la hija de Jacob, lo que no se debía haber hecho. 8 Hamor les dijo: —Mi hijo Siquem se ha enamorado de vuestra hermana; os ruego que se la deis por mujer. 9 Emparentad con nosotros, dadnos vuestras hijas y tomad vosotros las nuestras. 10 Habitad con nosotros, porque la tierra estará delante de vosotros; morad y negociad en ella, y tomad en ella posesión. 11 Siquem dijo también al padre y a los hermanos de Dina: —Sed benévolos conmigo y os daré cuanto me pidáis. 12 Aumentad a mi cargo mucha dote y regalos, que yo os daré cuanto me pidáis; pero dadme a la joven por mujer. 13 Los hijos de Jacob respondieron a Siquem y a Hamor, su padre, con palabras engañosas, por cuanto había deshonrado a Dina, hermana de ellos: 14—No podemos hacer esto de dar nuestra hermana a nadie incircunciso, porque entre nosotros es abominación. 15 Pero con esta condición os complaceremos: que os hagáis como nosotros, y se circuncide entre vosotros todo hombre. 16 Entonces os daremos nuestras hijas, y tomaremos nosotros las vuestras; habitaremos con vosotros y seremos un pueblo. 17 Pero si no nos hacéis caso en lo de circuncidaros, tomaremos a nuestra hija y nos iremos de aquí. 18 Parecieron bien sus palabras a Hamor y a Siquem hijo de Hamor. 19 Y no tardó el joven en hacer aquello, porque la hija de Jacob le había agradado. Él mismo era el más distinguido en toda la casa de su padre. 20 Entonces Hamor y su hijo Siquem fueron a la puerta de su ciudad y hablaron a los hombres del lugar en estos términos: 21—Estos hombres son pacíficos con nosotros; que habiten, pues, en el país y comercien en él, porque la tierra es bastante ancha para ellos; nosotros tomaremos sus hijas por mujeres y les daremos las nuestras. 22 Pero solo con esta condición consentirán estos hombres en habitar con nosotros para que seamos un pueblo: que se circuncide todo hombre entre nosotros, como ellos son circuncidados. 23 Su ganado, sus bienes y todas sus bestias serán nuestros; solamente convengamos con ellos, y habitarán con nosotros. 24 Obedecieron a Hamor y a su hijo Siquem todos los que salían por la puerta de la ciudad, y circuncidaron a todo hombre que salía por la puerta de su ciudad. 25 Pero sucedió que al tercer día, cuando ellos sentían el mayor dolor, dos de los hijos de Jacob, Simeón y Leví, hermanos de Dina, tomaron cada uno su espada, fueron contra la ciudad, que estaba desprevenida, y mataron a todos sus habitantes. 26 A filo de espada mataron a Hamor y a su hijo Siquem, y tomaron a Dina de casa de Siquem y se fueron. 27 Los hijos de Jacob pasaron sobre los muertos y saquearon la ciudad, por cuanto habían deshonrado a su hermana. 28 Tomaron sus ovejas, vacas y asnos, lo que había en la ciudad y en el campo, 29 y todos sus bienes; llevaron cautivos a todos sus niños y sus mujeres, y robaron todo lo que había en las casas. 30 Entonces dijo Jacob a Simeón y a Leví: —Me habéis puesto en un grave aprieto haciéndome enemigo de los cananeos y los ferezeos, los habitantes de esta tierra. Como tengo pocos hombres, se juntarán contra mí, me atacarán, y me destruirán a mí y a mi casa. 31 Pero ellos respondieron: —¿Acaso tenía él que tratar a nuestra hermana como a una prostituta?

Romanos 12:17–21

No paguéis a nadie mal por mal; procurad hacer lo bueno delante de todos. 18 Si es posible, y en cuanto dependa de vosotros, estad en paz con todo el mundo. 19 No os venguéis vosotros mismos, amados míos, mejor dad lugar a la ira de Dios, porque escrito está: Mía es la venganza, yo pagaré, dice el Señor. 20 Así que, si tu enemigo tiene hambre, dale de comer; si tiene sed, dale de beber, pues al hacer esto, harás que se avergüence de su mal proceder. 21 No seas vencido de lo malo, sino vence con el bien el mal.

EOAO / *Romanos 12:19*
ESCRITURAS / *escribe los versículos del devocional*

_____

_____

_____

_____

_____

_____

_____

_____

_____

_____

_____

_____

_____

_____

_____

_____

_____

_____

OBSERVACIÓN / *escribe 3 - 4 observaciones*

_____

_____

_____

_____

_____

_____

_____

_____

_____

A P L I C A C I Ó N / *Escribe por lo menos 1 - 2 aplicaciones*

O R A C I Ó N / *Escribe una oración sobre lo que has aprendido y lo que Dios te ha revelado.*

EOAO

Romanos 12:19

"No os venguéis vosotros mismos, amados míos, mejor dad lugar a la ira de Dios, porque escrito está: Mía es la venganza, yo pagaré, dice el Señor."

EN EL TEXTO

Los eventos registrados en Génesis 34 son horribles y malvados. La violación de Dina muestra la maldad y la anarquía del pueblo cananeo, un pueblo al que Dios destruiría a través de los descendientes de Israel. La falta de respuesta a la noticia de los crímenes contra su única hija muestra indecisión y pasividad en Jacob, en el mejor de los casos, falta de amor y cuidado por los hijos de Lea.

Cuando Jacob no se ocupó del atacante de Dina como exigía la justicia, sus hermanos Simeón y Leví intervinieron. Si bien la violencia resultante no fue correcta, fue una respuesta tanto al horrible crimen de Siquem como a la pasividad de su padre. Simeón y Levi entendieron que la profanación de Dina no podía ser ignorada. Su respuesta mostró un profundo cuidado y preocupación tanto por su seguridad como por su reputación, así como un gran amor por ella.

Simeón y Levi engañaron a Siquem y Jamor, una táctica que sin duda aprendieron de su padre. Tramaron venganza contra Siquem, pero no hay registro de que buscaran la dirección o la ayuda de Dios, otro comportamiento modelado muchas veces por Jacob. Si bien su deseo de justicia era bueno, sus métodos de venganza no eran los caminos de Dios.

El mal hecho a Dina fue inexcusable. La inactividad de Jacob condujo a actos de venganza por parte de sus hermanos. Si bien su deseo de justicia era piadoso, sus métodos de venganza eran mundanos. Si los hermanos hubieran respondido con fe, habrían buscado la guía de Dios sobre cómo tratar con justicia a Siquem, porque Él es Dios Justo (véase Deuteronomio 22:25–28). Él promete pagar a los impíos por sus crímenes, dando rienda suelta a Su ira cuando confiamos en Su venganza.

Este no es un relato fácil de estudiar y puede dejarnos enojadas o confundidas. Dios prometió proteger y liberar a la familia de Jacob, eso incluía justicia para Dina. Cuando nos enfrentamos a la injusticia, podemos estar seguras de que Dios obrará a nuestro favor. Él promete que pagará a los malvados por lo que han hecho. Su justicia nunca está fuera de lugar, nunca mal aplicada. Él siempre está luchando por Sus hijas. Desafortunadamente, no pudimos ver a Dios lidiar con el pecado de acuerdo con Su perfecta sabiduría en estos eventos porque los hermanos de Dina confiaron en su furiosa venganza. Que nosotras, por el contrario, tengamos suficiente fe para esperar el tiempo y el método perfecto de Dios para hacer justicia a nuestro favor.

Génesis 35

Dijo Dios a Jacob: —Levántate, sube a Bet-el y quédate allí; y haz allí un altar al Dios que se te apareció cuando huías de tu hermano Esaú. 2 Entonces Jacob dijo a su familia y a todos los que con él estaban: —Quitad los dioses ajenos que hay entre vosotros, limpiaos y cambiad vuestros vestidos. 3 Levantémonos y subamos a Bet-el, pues, y allí haré un altar al Dios que me respondió en el día de mi angustia y que ha estado conmigo en el camino que he andado. 4 Ellos entregaron a Jacob todos los dioses ajenos que tenían en su poder y los pendientes que llevaban en sus orejas, y Jacob los escondió debajo de una encina que había junto a Siquem. 5 Cuando salieron, el terror de Dios cayó sobre las ciudades de sus alrededores, y no persiguieron a los hijos de Jacob. 6 Llegó Jacob a Luz, es decir, a Bet-el, que está en tierra de Canaán, él y todo el pueblo que con él estaba. 7 Edificó allí un altar y llamó al lugar «El-bet-el», porque allí se le había aparecido Dios cuando huía de su hermano. 8 Entonces murió Débora, nodriza de Rebeca, y fue sepultada al pie de Bet-el, debajo de una encina, la cual fue llamada «Alón-bacut». 9 Se le apareció otra vez Dios a Jacob a su regreso de Padan-aram, y lo bendijo: 10 Tu nombre es Jacob; pero ya no te llamarás Jacob, sino que tu nombre será Israel; y lo llamó Israel. 11 También le dijo Dios: Yo soy el Dios Omnipotente: crece y multiplícate; una nación y un conjunto de naciones procederán de ti, y reyes saldrán de tus entrañas. 12 La tierra que he dado a Abraham y a Isaac te la daré a ti, y a tu descendencia después de ti. 13 Y se fue Dios de su lado, del lugar desde el cual le había hablado. 14 Jacob erigió entonces una señal en el lugar donde había hablado con él, una señal de piedra; derramó sobre ella una libación y echó sobre ella aceite. 15 Y Jacob llamó Bet-el a aquel lugar donde Dios le había hablado. 16 Partieron de Bet-el, y cuando aún faltaba como media legua para llegar a Efrata, Raquel dio a luz, pero tuvo un mal parto. 17 Entre las dificultades de su parto, la partera le dijo: —No temas, porque también tendrás este hijo. 18 Ella, con su último aliento —porque ya se estaba muriendo—, lo llamó Benoni; pero su padre lo llamó Benjamín. 19 Así murió Raquel, y fue sepultada en el camino de Efrata, la cual es Belén. 20 Levantó Jacob un pilar sobre su sepultura, y esta es la señal de la sepultura de Raquel hasta hoy. 21 Israel salió de allí y plantó su tienda más allá de Migdal-edar. 22 Aconteció que, cuando habitaba Israel en aquella tierra, Rubén fue y durmió con Bilha, la concubina de su padre; de esto se enteró Israel. Los hijos de Israel fueron doce. 23 Hijos de Lea: Rubén, primogénito de Jacob, Simeón, Leví, Judá, Isacar y Zabulón. 24 Hijos de Raquel: José y Benjamín. 25 Hijos de Bilha, sierva de Raquel: Dan y Neftalí. 26 Hijos de Zilpa, sierva de Lea: Gad y Aser. Estos fueron los hijos de Jacob, que le nacieron en Padan-aram. 27 Fue Jacob junto a Isaac, su padre, a Mamre, a la ciudad de Arba, que es Hebrón, donde habitaron Abraham e Isaac. 28 Los días de Isaac fueron ciento ochenta años. 29 Exhaló Isaac el espíritu siento ya un anciano, cargado de días. Murió y se reunió con su pueblo, y sus hijos Esaú y Jacob lo sepultaron.

Deuteronomio 30:15–20

Mira, yo he puesto delante de ti hoy la vida y el bien, la muerte y el mal, 16 porque yo te mando hoy que ames al Señor, tu Dios, que andes en sus caminos y guardes sus mandamientos, sus estatutos y sus decretos, para que vivas y seas multiplicado, y el Señor, tu Dios, te bendiga en la tierra a la cual vas a entrar para tomarla en posesión. 17 Pero si tu corazón se aparta y no obedeces, te dejas extraviar, te inclinas a dioses ajenos y los sirves, 18 yo os declaro hoy que sin duda pereceréis; no prolongaréis vuestros días sobre la tierra adonde vais a entrar para tomarla en posesión tras pasar el Jordán. 19 A los cielos y a la tierra llamo por testigos hoy contra vosotros, de que os he puesto delante la vida y la muerte, la bendición y la maldición; escoge, pues, la vida, para que vivas tú y tu descendencia, 20 ames al Señor, tu Dios, atiendas a su voz y le sigas a él, pues él es tu vida, así como la prolongación de tus días, a fin de que habites sobre la tierra que juró el Señor a tus padres, Abraham   , Isaac y Jacob, que les había de dar.

ESCRIBE
Reflexiona

....
....
....
....
....
....
....
....
....
....
....
....
....
....
....
....
....

EOAO / *Deuteronomio 30:15–16*
ESCRITURAS / *escribe los versículos del devocional*

_____

_____

_____

_____

_____

_____

_____

_____

_____

_____

_____

_____

_____

_____

_____

_____

_____

_____

OBSERVACIÓN / *escribe 3 - 4 observaciones*

_____

_____

_____

_____

_____

_____

_____

_____

APLICACIÓN / *Escribe por lo menos 1 - 2 aplicaciones*

ORACIÓN / *Escribe una oración sobre lo que has aprendido y lo que Dios te ha revelado.*

EOAO

Deuteronomio 30:15–16

"Mira, yo he puesto delante de ti hoy la vida y el bien, la muerte y el mal, porque yo te mando hoy que ames al Señor, tu Dios, que andes en sus caminos y guardes sus mandamientos, sus estatutos y sus decretos, para que vivas y seas multiplicado, y el Señor, tu Dios, te bendiga en la tierra a la cual vas a entrar para tomarla en posesión."

EN EL TEXTO

Génesis 35 sirve como conclusión en la narración de Jacob. Si bien Jacob se menciona muchas más veces a lo largo del resto de Génesis, el enfoque de la narración ahora se vuelve hacia sus hijos. El autor de Génesis cerró las vidas de Abraham e Isaac de manera similar, no con sus muertes, sino con una transición a sus hijos como sujetos y herederos de la promesa.

La vida de Jacob estuvo llena de éxitos y fracasos, de bendiciones, disciplina, conflicto, resolución y gracia. Jacob no era un hombre, esposo, padre, amigo, hermano o hijo perfecto. A pesar de todos sus fracasos y defectos, todavía fue elegido por Dios. Por gracia Dios escogió bendecir a Jacob sobre Esaú, y le prometió estar con él, como estuvo con su padre y con su abuelo. Por gracia, Dios le dio doce hijos y una hija, aumentó sus posesiones, y lo trajo de regreso a la tierra prometida. Por gracia, Dios reconcilió a Jacob con su hermano, y también por gracia, continuaría bendiciendo y estando con los descendientes de Jacob.

Al reflexionar sobre la vida de Jacob, encontramos un tema central: elegir las cosas de Dios sobre las cosas del mundo. Dios continuamente le dio a Jacob oportunidades para elegir las cosas de Dios y rechazar los deseos de la carne y los caminos del mundo. A veces, Jacob escogió las cosas de Dios. Otras veces, recurrió a sus propios recursos y caminos mundanos para su liberación. Como Jacob, nos enfrentamos continuamente con estas opciones; es una decisión diaria. Hoy, podemos dejar de lado los ídolos, los dioses falsos, los deseos de la carne y la autosuficiencia y, en cambio, elegir seguir a Dios, encontrando bendición, protección y promesas cumplidas en Él.

Muchos años después, cuando la familia de Jacob se había convertido en una nación, tuvieron que lidiar con esta misma decisión. Al entrar en la tierra de Canaán para tomarla como propia, cumpliendo la promesa que Dios había hecho generaciones antes, se enfrentaron a esta elección: vida y prosperidad por la obediencia a Dios o muerte y destrucción por seguir su propio camino. Todos los días tenemos la oportunidad de elegir las cosas de Dios sobre las cosas del mundo. Y no importa cuántas veces hayamos elegido la desobediencia, todavía podemos volvernos al Dios de la promesa y elegir la vida en Él.

Génesis 36:1—37:1

Estas son las generaciones de Esaú, o sea Edom: 2 Esaú tomó
sus mujeres de las hijas de Canaán: Ada, hija de Elón, el heteo;
Aholibama, hija de Aná hijo de Zibeón, el heveo; 3 y Basemat,
hija de Ismael, hermana de Nebaiot. 4 A Esaú, Ada le dio a luz
a Elifaz; Basemat le dio a luz a Reuel; 5 y Aholibama le dio a
luz a Jeús, a Jaalam y a Coré. Estos son los hijos que le nacieron
a Esaú en la tierra de Canaán. 6 Esaú tomó sus mujeres, sus
hijos, sus hijas y todas las personas de su casa; sus ganados,
todas sus bestias y todo cuanto había adquirido en la tierra de
Canaán, y se fue a otra tierra; se separó de su hermano Jacob, 7
porque los bienes de ambos eran tantos que no podían habitar
juntos, ni la tierra en donde habitaban los podía sostener a
causa de sus ganados. 8 Por eso Esaú, o sea Edom, habitó en los
montes de Seír. 9 Estos son los descendientes de Esaú, padre
de Edom, en los montes de Seír, 10 y estos son los nombres de
sus hijos: Elifaz, hijo de Ada, mujer de Esaú; Reuel, hijo de
Basemat, mujer de Esaú. 11 Los hijos de Elifaz fueron Temán,
Omar, Zefo, Gatam y Cenaz. 12 Timna fue concubina de Elifaz
hijo de Esaú, y ella le dio a luz a Amalec; estos son los hijos de
Ada, mujer de Esaú. 13 Los hijos de Reuel fueron Nahat, Zera,
Sama y Miza; estos son los hijos de Basemat, mujer de Esaú.
14 Y estos fueron los hijos que dio a luz Aholibama, mujer de
Esaú, hija de Aná hijo de Zibeón: Jeús, Jaalam y Coré, hijos de
Esaú. 15 Estos son los jefes de entre los hijos de Esaú: Hijos
de Elifaz, primogénito de Esaú: los jefes Temán, Omar, Zefo,
Cenaz, 16 Coré, Gatam y Amalec. Estos son los jefes de Elifaz,
en la tierra de Edom. Estos fueron los hijos de Ada. 17 Estos
son los hijos de Reuel hijo de Esaú: los jefes Nahat, Zera, Sama
y Miza. Estos son los jefes de la línea de Reuel en la tierra
de Edom; son los que proceden de Basemat, mujer de Esaú.
18 Estos son los hijos de Aholibama, mujer de Esaú: los jefes

Jeús, Jaalam y Coré; y estos fueron los jefes que salieron de Aholibama, mujer de Esaú, hija de Aná. 19 Todos ellos fueron los hijos de Esaú, o sea Edom; y fueron sus jefes. 20 Estos son los hijos de Seír, el horeo, habitantes de aquella tierra: Lotán, Sobal, Zibeón, Aná, 21 Disón, Ezer y Disán. Estos son los jefes de los horeos, hijos de Seír, en la tierra de Edom. 22 Los hijos de Lotán fueron Hori y Hemam. Timna fue hermana de Lotán. 23 Los hijos de Sobal fueron Alván, Manahat, Ebal, Sefo y Onam; 24 y los de Zibeón fueron Aja y Aná. Este Aná es el que descubrió manantiales en el desierto, cuando apacentaba los asnos de Zibeón, su padre. 25 Los hijos de Aná fueron Disón y Aholibama, hija de Aná. 26 Estos fueron los hijos de Disón: Hemdán, Esbán, Itrán y Querán; 27 y estos los hijos de Ezer: Bilhán, Zaaván y Acán. 28 Estos fueron los hijos de Disán: Uz y Arán; 29 y estos los jefes de los horeos: los jefes Lotán, Sobal, Zibeón, Aná, 30 Disón, Ezer y Disán; estos fueron los jefes de los horeos, por sus mandos en la tierra de Seír. 31 Estos fueron los reyes que reinaron en la tierra de Edom antes de que tuvieran rey los hijos de Israel: 32 Bela hijo de Beor, reinó en Edom, y el nombre de su ciudad fue Dinaba. 33 Murió Bela y reinó en su lugar Jobab hijo de Zera, de Bosra. 34 Murió Jobab y en su lugar reinó Husam, de tierra de Temán. 35 Murió Husam y reinó en su lugar Hadad hijo de Bedad, el que derrotó a Madián en el campo de Moab; y el nombre de su ciudad fue Avit. 36 Murió Hadad y en su lugar reinó Samla, de Masreca. 37 Murió Samla y reinó en su lugar Saúl, de Rehobot, que está junto al Éufrates. 38 Murió Saúl y en lugar suyo reinó Baal-hanán hijo de Acbor. 39 Murió Baal-hanán hijo de Acbor y reinó Hadar en lugar suyo; el nombre de su ciudad fue Pau, y el nombre de su mujer, Mehetabel, hija de Matred, hija de Mezaab. 40 Estos, pues, son los nombres de los jefes de Esaú por sus familias, por sus lugares y sus nombres: Timna, Alva,

Jetet, 41 Aholibama, Ela, Pinón, 42 Cenaz, Temán, Mibzar, 43 Magdiel e Iram. Estos fueron los jefes de Edom, según los lugares que ocupan en la tierra de su posesión. Edom es el mismo Esaú, padre de los edomitas. 1 Jacob habitó en la tierra donde había vivido su padre, en la tierra de Canaán.

Génesis 27:28–29

Dios, pues, te dé del rocío del cielo y de los frutos de la tierra, y abundancia de trigo y de mosto. 29 Que te sirvan los pueblos y las naciones se inclinen delante de ti. Sé señor de tus hermanos y ante ti se inclinen los hijos de tu madre. Malditos sean los que te maldigan y benditos los que te bendigan.

Génesis 27:39–40

Entonces Isaac, su padre, le dijo: Será tu morada lejos de la tierra fértil y del rocío que cae de los cielos. 40 De tu espada vivirás, y a tu hermano servirás; pero cuando te fortalezcas sacudirás su yugo de tu cerviz.

Hebreos 10:23

Mantengamos firme, sin fluctuar, la esperanza que profesamos

Hebreos 11:20

Por la fe bendijo Isaac a Jacob y a Esaú acerca de cosas venideras.

EOAO / *Hebreos 10:23*
ESCRITURAS / *escribe los versículos del devocional*

_____

_____

_____

_____

_____

_____

_____

_____

_____

_____

_____

_____

_____

_____

_____

_____

_____

_____

OBSERVACIÓN / *escribe 3 - 4 observaciones*

_____

_____

_____

_____

_____

_____

_____

_____

_____

_____

APLICACIÓN / *Escribe por lo menos 1 - 2 aplicaciones*

ORACIÓN / *Escribe una oración sobre lo que has aprendido y lo que Dios te ha revelado.*

EOAO

Hebreos 10:23

"Mantengamos firme, sin fluctuar, la esperanza que profesamos, porque fiel es el que ha hecho la promesa."

EN EL TEXTO

El autor de Génesis da un relato completo de los descendientes de Abraham, enfocándose en aquellos en la línea de la promesa, mientras que también incluye los registros de muchos otros de los descendientes de Abraham. La familia de Esaú se registra de manera similar a como se registra la familia de Ismael en Génesis 25.

Esaú, también llamado Edom, tomó esposas de entre los cananeos. Las elecciones de Esaú reflejan un amor por el mundo y una preocupación continua por cumplir los deseos carnales. Aunque perdonó a Jacob y se reconcilió con su hermano, Esaú es descrito como una persona profana que despreció las cosas de Dios y buscó la libertad mundana.

Si bien no se nos da mucha información sobre la vida de Esaú, aún podemos aprender de este breve relato de su genealogía. Esaú fue padre de muchos jefes y reyes, y gobernó en la tierra de Edom antes de que hubiera reyes en Israel. Desde un punto de vista mundano, Esaú floreció. Tuvo muchas posesiones y muchos descendientes, algunos muy poderosos. La promesa que había recibido de su padre se había cumplido. Esaú formó su hogar en un área próspera de la tierra, vivió por la espada, conquistó tribus y clanes vecinos, y no se sometió a Jacob. El cumplimiento de la bendición de Esaú mostró la fidelidad de Dios. Aunque Esaú no era el elegido por Dios, recibió una bendición.

La prosperidad de Esaú muestra cómo la grandeza secular a menudo se logra mucho más rápido que la grandeza espiritual. Se necesita paciencia para heredar las promesas de Dios. A menudo, las bendiciones espirituales solo se reciben después de que ha tenido lugar un proceso de refinación. Esto fue cierto en la vida de Jacob: Dios lo sacó de su hogar antes de cumplir Su promesa. Sin embargo, las bendiciones que recibió Esaú fueron otra razón para que Jacob creyera en las promesas de Dios. Si Esaú, que no había sido escogido por Dios, aún recibía una bendición, ¿cuánto más cumpliría Dios las promesas que había hecho a aquel a quien había escogido?

Nuestro Dios es un Dios de promesas. y las cumple en Su tiempo perfecto. Todas Sus promesas son dignas de confianza. La mayoría de las personas que estudiamos en Génesis solo vieron que la promesa de Dios comenzaba a cumplirse. Si podemos o no ver activamente a Dios cumpliendo Sus promesas, no tiene nada que ver con Su capacidad para hacerlo. Él es el Cumplidor de Promesas, el Único de quien podemos depender. Solo Él es digno de confianza. Pongamos nuestra fe en Su poder para cumplirlas hoy.

Génesis 37:2–11

Esta es la historia de la familia de Jacob: José tenía diecisiete años y apacentaba las ovejas con sus hermanos; el joven estaba con los hijos de Bilha y con los hijos de Zilpa, mujeres de su padre; e informaba a su padre de la mala fama de ellos. 3 Israel amaba a José más que a todos sus hijos, porque lo había tenido en su vejez, y le hizo una túnica de diversos colores. 4 Al ver sus hermanos que su padre lo amaba más que a todos ellos, empezaron a odiarlo y a hablarle con malos modos. 5 Tuvo José un sueño y lo contó a sus hermanos, y ellos llegaron a aborrecerlo más todavía: 6—Oíd ahora este sueño que he tenido: 7 estábamos atando manojos en medio del campo, y mi manojo se levantaba y se quedaba derecho, mientras que los vuestros quedaban alrededor y se inclinaban ante el mío. 8 Entonces le respondieron sus hermanos: —¿Vas a reinar tú sobre nosotros, o nos vas a dominar? Y lo aborrecieron aún más a causa de sus sueños y sus palabras. 9 Después tuvo otro sueño y lo contó a sus hermanos: —He tenido otro sueño. Soñé que el sol, la luna y once estrellas se inclinaban ante mí. 10 Y lo contó a su padre y a sus hermanos; su padre le reprendió: —¿Qué sueño es este que tuviste? ¿Acaso yo, tu madre y tus hermanos vamos a postrarnos en tierra ante ti? 11 Sus hermanos le tenían envidia, pero su padre meditaba en esto.

Lucas 16:10

El que es fiel en lo muy poco también es fiel en lo mucho; y el que en lo muy poco es injusto, también es injusto en lo mucho.

EOAO / *Lucas 16:10*
ESCRITURAS / *escribe los versículos del devocional*

OBSERVACIÓN / *escribe 3 - 4 observaciones*

APLICACIÓN / *Escribe por lo menos 1 - 2 aplicaciones*

ORACIÓN / *Escribe una oración sobre lo que has aprendido y lo que Dios te ha revelado.*

EOAO

Lucas 16:10

"El que es fiel en lo muy poco también es fiel en lo mucho; y el que en lo muy poco es injusto, también es injusto en lo mucho."

EN EL TEXTO

La narración de Génesis pasa a un nuevo enfoque en el capítulo 37: los descendientes de Jacob. José, el undécimo hijo de Jacob, se convierte en el foco principal del resto del libro. El autor de Génesis usa muchos recursos literarios a lo largo de la historia de José para mostrar el significado de su vida, así como la continuación de las promesas de Dios.

A medida que se desarrolla la historia de José, veremos los mismos temas que estuvieron presentes en las secciones anteriores de Génesis: la bendición divina, el uso del engaño, la lucha entre el bien y el mal, y la prosperidad y el refugio en Egipto. Sin embargo, José se presenta de manera diferente a los patriarcas. El autor destaca la justicia, fidelidad, sabiduría y paciencia de José. Su carácter contrasta con el de su padre, quien era conocido por su engaño y confianza en sí mismo. Presentar a José de esta manera no tiene la intención de deshonrar a Jacob, sino que se hace para mostrar el carácter ejemplar de un líder que es obediente a Dios.

En las primeras acciones registradas de José, mostró responsabilidad, cuidado y fidelidad en lo que se le había confiado. Sus hermanos, sin embargo, fueron infieles en el cuidado de los rebaños de su padre, lo cual José informó a Jacob.

Aunque José era el undécimo hijo de Jacob, era el líder elegido por Dios. José fue fiel en una pequeña responsabilidad, cuidar los rebaños de su padre. Los sueños que le fueron dados mostraban el llamado y la unción de Dios en su vida. Dios se había aparecido a Abraham, Isaac y Jacob en sueños, confirmando Su elección de cada uno de ellos como heredero de la promesa. De manera similar, los sueños de José mostraban la elección de Dios de él como líder entre sus hermanos.

Si bien José no se convirtió en un líder influyente hasta mucho más tarde en su vida, fue fiel y obediente a Dios incluso en las cosas pequeñas. Fue fiel cuando no tenía autoridad ni poder y, a través de estas experiencias, Dios lo preparó para el futuro. A lo largo de su vida José fue fiel, eligiendo las cosas de Dios sobre las cosas del mundo. Dios no lo escogió por su justicia, pero José fue fiel al llamado que Dios le dio.

No tenemos idea de lo que Dios ha planeado para nosotras. Él puede estar preparándote ahora para grandes responsabilidades en el futuro. Él puede estar moldeando tu carácter para ponerte en una posición de autoridad, ya sea en una carrera, en el ministerio, en tu familia o en tu iglesia. Que podamos elegir ser fieles a Él sin importar cuán pequeña o insignificante parezca nuestra tarea presente. ¡Nunca sabemos lo que Él tiene reservado!

1. ¿Hay alguna relación en tu vida que necesite reconciliación? ¿Qué te está impulsando Dios a hacer mientras esperas Su momento perfecto para la reconciliación?

....
....
....

2. ¿Crees que Dios traerá justicia? ¿En qué áreas es más difícil para ti esperar y confiar en la justicia de Dios?

....
....
....

3. ¿Cómo elegirás seguir a Dios hoy? ¿A qué tentaciones te enfrentas? ¿Qué te está alejando de Dios y conduciendo hacia las cosas del mundo?

....
....
....

4. ¿Qué ejemplos has visto de grandeza o éxito secular que crece más rápido que la grandeza espiritual? ¿Por qué las promesas de Dios exigen paciencia del receptor?

....
....
....

5. ¿Sobre qué áreas te ha dado Dios responsabilidad? ¿Cómo puedes ser fiel en las pequeñas cosas de tu vida? ¿Cómo puedes ser fiel en las grandes cosas que Dios te ha dado?

....
....
....

Porque esta tribulación, que es leve y momentánea, produce en nosotros una gloria cada vez más excelente y eterna. Por eso, no nos fijamos en las cosas que se ven, sino las que no se ven; pues las cosas que se ven son temporales, pero las que no se ven son eternas.

2 Corintios 4:17–18

Escribe tu oración y tus
agradecimientos de la semana.

....

....

....

....

....

....

....

....

....

....

....

....

....

DESAFÍO DE LA SEMANA

Dios permitió que José soportara un gran sufrimiento en su vida para cumplir Sus propósitos divinos.
Mientras lees, observa el sufrimiento de José. Después de completar la lectura de esta semana, repasa
los momentos de su sufrimiento y reflexiona sobre cómo Dios redimió cada uno de esos eventos. ¿Crees
que Dios puede obrar de la misma manera en tu vida? ¿Cómo ha redimido Dios ya algunas de tus
temporadas de sufrimiento?

....

....

....

....

....

....

Génesis 37:12–36

Un día, sus hermanos fueron a apacentar las ovejas de su padre en Siquem. 13 Entonces Israel dijo a José: —Tus hermanos apacientan las ovejas en Siquem. Ven y te enviaré a ellos. —Aquí me tienes —respondió él. 14—Ve ahora, mira cómo están tus hermanos y cómo están las ovejas, y tráeme la noticia — dijo Israel. Lo envió, pues, desde el valle de Hebrón, y José llegó a Siquem. 15 Lo halló un hombre, mientras iba él errante por el campo; y aquel hombre le preguntó: —¿Qué buscas? 16—Busco a mis hermanos; te ruego que me indiques dónde están apacentando — respondió José. 17—Ya se han ido de aquí; pero yo les oí decir: «Vamos a Dotán» —dijo el hombre. Entonces José fue tras sus hermanos y los halló en Dotán. 18 Cuando ellos lo vieron de lejos, antes de que se les acercara, conspiraron contra él para matarlo. 19 Se dijeron el uno al otro: —¡Ahí viene el soñador! 20 Ahora pues, venid, matémoslo y echémoslo en una cisterna, y diremos: «Alguna mala bestia lo devoró». Veremos entonces qué será de sus sueños. 21 Cuando Rubén oyó esto, lo libró de sus manos. Dijo: —No lo matemos. 22 Y añadió: —No derraméis sangre; echadlo en esta cisterna que está en el desierto, pero no le pongáis las manos encima. Quería librarlo así de sus manos y hacerlo volver a su padre. 23 Sucedió, pues, que cuando llegó José adonde estaban sus hermanos, ellos le quitaron su túnica —la túnica de colores que llevaba puesta—, 24 lo agarraron y lo echaron en la cisterna, que estaba vacía, pues no había en ella agua. 25 Luego se sentaron a comer. En esto, al alzar la vista, vieron una compañía de ismaelitas que venía de Galaad, con camellos cargados de aromas, bálsamo y mirra, que llevaban a Egipto. 26 Entonces Judá dijo a sus hermanos: —¿Qué vamos a ganar con matar a nuestro hermano y ocultar su muerte? 27 Venid, vendámoslo a los ismaelitas, pero no le pongamos las manos encima, porque es nuestro hermano, nuestra propia carne. Y sus hermanos convinieron con él. 28 Cuando pasaban los mercaderes madianitas, sacaron ellos a José de la cisterna y lo vendieron a los ismaelitas por veinte piezas de plata. Y estos se llevaron a José a Egipto. 29 Después Rubén volvió a la cisterna y, al no hallar dentro a José, rasgó sus vestidos. 30 Luego volvió adonde estaban sus hermanos y les dijo: —¡El muchacho ya no está! Y ahora, ¿qué hago?

31 Entonces tomaron ellos la túnica de José, degollaron un cabrito del rebaño y tiñeron la túnica con la sangre. 32 Enviaron la túnica de colores a su padre, con este mensaje: «Esto hemos hallado; reconoce ahora si es o no la túnica de tu hijo». 33 Cuando él la reconoció, dijo: «Es la túnica de mi hijo; alguna mala bestia lo devoró; José ha sido despedazado». 34 Entonces Jacob rasgó sus vestidos, se puso ropa áspera sobre su cintura y guardó luto por su hijo durante muchos días. 35 Se levantaron todos sus hijos y todas sus hijas para consolarlo, pero él no quiso recibir consuelo, y decía: —¡Descenderé enlutado junto a mi hijo hasta el seol! Y lo lloró su padre. 36 En Egipto, los madianitas lo vendieron a Potifar, oficial de Faraón y capitán de la guardia.

2 Corintios 4:7–18

Pero tenemos este tesoro en vasos de barro, para que se vea que la excelencia del poder es de Dios y no de nosotros, 8 que estamos atribulados en todo, pero no angustiados; en apuros, pero no desesperados; 9 perseguidos, pero no desamparados; derribados, pero no destruidos. 10 Dondequiera que vamos, llevamos siempre en nuestro cuerpo la muerte del Señor Jesús, para que también la vida de Jesús se manifieste en nuestros cuerpos. 11 Porque nosotros, que vivimos, siempre estamos expuestos a la muerte por causa de Jesús, para que también la vida de Jesús se manifieste en nuestro cuerpo mortal. 12 De manera que la muerte actúa en nosotros, y en vosotros la vida. 13 Pero como tenemos el mismo espíritu de fe, conforme a lo que está escrito: Creí, por lo cual también hablé, nosotros también creemos, por lo cual también hablamos. 14 Y estamos seguros que el que resucitó al Señor Jesús, a nosotros también nos resucitará con Jesús, y nos presentará juntamente con vosotros. 15 Porque todas estas cosas las padecemos por vosotros, para que al abundar la gracia por medio de muchos, sobreabunde la acción de gracias para la gloria de Dios. 16 Por tanto, no nos desanimamos. Al contrario, aunque este nuestro hombre exterior se va desgastando, no obstante, el interior se renueva de día en día. 17 Porque esta tribulación, que es leve y momentánea, produce en nosotros una gloria cada vez más excelente y eterna. 18 Por eso, no nos fijamos en las cosas que se ven, sino las que no se ven; pues las cosas que se ven son temporales, pero las que no se ven son eternas.

ESCRIBE
Reflexiona

....

....

....

....

....

....

....

....

....

....

....

....

....

....

....

....

....

EOAO / *2 Corintios 4:17–18*
ESCRITURAS / *escribe los versículos del devocional*

OBSERVACIÓN / *escribe 3 - 4 observaciones*

APLICACIÓN / *Escribe por lo menos 1 - 2 aplicaciones*

_____

_____

_____

_____

_____

_____

_____

_____

_____

_____

_____

_____

_____

ORACIÓN / *Escribe una oración sobre lo que has aprendido y lo que Dios te ha revelado.*

_____

_____

_____

_____

_____

_____

_____

_____

_____

_____

_____

_____

_____

_____

_____

_____

EOAO

2 Corintios 4:17–18

"Porque esta tribulación, que es leve y momentánea, produce en nosotros una gloria cada vez más excelente y eterna. Por eso, no nos fijamos en las cosas que se ven, sino las que no se ven; pues las cosas que se ven son temporales, pero las que no se ven son eternas."

EN EL TEXTO

José fue el líder elegido por Dios en su generación, y Dios le reveló este llamado a José a través de sueños. José fue obediente a Dios y fiel con sus responsabilidades, honrando a su padre y haciendo lo que él le pedía. En ese momento, José todavía era joven, de unos diecisiete años, y vivía en la casa de su padre con muchos de sus hermanos.

Jacob favoreció a José, y eso causó división en su casa. Debido a esto, los hermanos de José lo odiaban tanto que no podían decirle palabras amables. Aunque Jacob fue testigo de la forma en que el favoritismo de los padres destruyó sus propias relaciones familiares (ver Génesis 26), practicó el mismo tipo de comportamiento y produjo el mismo tipo de división entre sus hijos.

El odio de los hermanos no tuvo control y resultó en un crimen horrible. Sus acciones revelan la intensa lucha y los celos dentro de la familia de Jacob. Sus hermanos rechazaron a José, desconociendo el llamado de Dios para su vida. La obediencia y la fidelidad de José contrastan con la maldad de sus hermanos cuando conspiraron para matarlo, lo vendieron como esclavo y engañaron a su padre.

Uno no puede dejar de notar paralelos entre las historias de Jacob y José. Jacob manipuló a su hermano por su primogenitura y luego le robó su bendición. Los hermanos de José intentaron destruir a su hermano José, a quien pertenecía la bendición. Jacob fue perseguido y engañado por Labán, y aunque Jacob no era inocente del engaño en sus acciones, Dios lo salvó y lo protegió. José fue perseguido por sus hermanos quienes luego engañaron a su padre, pero José era inocente, y Dios estaba igualmente con él.

Cuando estemos sirviendo fielmente a Dios, enfrentaremos persecución. Las que ocupan puestos de liderazgo o de autoridad pueden estar seguras de que enfrentarán oposición, a pesar de ser escogidas por Dios. Sin embargo, incluso en medio del sufrimiento, nada puede anular Sus propósitos. Ningún tipo de oposición, persecución, dificultad o sufrimiento puede alterar el plan de Dios. Él protege a las Suyas, y Su llamado a tu vida no puede ser alterado.

Génesis 38

Aconteció en aquel tiempo que Judá se apartó de sus hermanos,
y se fue a casa de un adulamita que se llamaba Hira. 2 Allí
conoció Judá a la hija de un cananeo, el cual se llamaba Súa;
la tomó y se acostó con ella. 3 Ella concibió y dio a luz un
hijo, al que llamó Er. 4 Concibió otra vez y dio a luz un hijo,
al que llamó Onán. 5 Volvió a concebir y dio a luz un hijo,
al que llamó Sela. Ella se hallaba en Quezib cuando lo dio a
luz. 6 Después Judá tomó para su primogénito Er a una mujer
llamada Tamar. 7 Pero Er, el primogénito de Judá, fue malo
ante los ojos del Señor, y el Señor le quitó la vida. 8 Entonces
Judá dijo a Onán: —Únete a la mujer de tu hermano, y cumple
con ella tu deber de cuñado dando descendencia a tu hermano.
9 Como Onán sabía que la descendencia no sería considerada
suya, para no darle descendencia a su hermano, cada vez que se
acostaba con la mujer de su hermano derramaba el semen en el
suelo. 10 Como desagradó al Señor lo que hacía, a él también
le quitó la vida. 11 Entonces Judá dijo a su nuera Tamar: —
Permanece viuda en casa de tu padre, hasta que crezca mi hijo
Sela. (Esto dijo, pues pensaba: «No sea que muera él también,
como sus hermanos»). Tamar se fue y se quedó en casa de
su padre. 12 Pasaron muchos días y murió la hija de Súa, la
mujer de Judá. Cuando Judá se consoló, subió a Timnat (donde
estaban los trasquiladores de sus ovejas) junto a su amigo Hira,
el adulamita. 13 Y avisaron a Tamar, y le dijeron: «Tu suegro
sube a Timnat a trasquilar sus ovejas». 14 Entonces se quitó
ella los vestidos de viuda, se cubrió con un velo para no ser
reconocida y se puso a la entrada de Enaim, junto al camino de
Timnat, pues veía que Sela había crecido y sin embargo no se lo
entregaban como esposo. 15 Cuando Judá la vio, la creyó una
prostituta, pues tenía cubierto el rostro. 16 Entonces se apartó
del camino para acercarse a ella y, sin saber que era su nuera,

le dijo: —Deja que me acueste contigo. —¿Qué me darás por acostarme contigo? — preguntó ella. 17—Te enviaré un cabrito de mi rebaño — respondió él. —Dame algo en prenda, hasta que lo envíes —dijo ella. 18—¿Y qué prenda quieres que te dé? —preguntó Judá. Ella respondió: —Tu sello, tu cordón y el bastón que tienes en tu mano. Judá se los dio, se acostó con ella y la dejó embarazada. 19 Luego se levantó y se fue; se quitó el velo que la cubría y se vistió la ropa de viuda. 20 Judá envió el cabrito del rebaño por medio de su amigo el adulamita, para que este rescatara la prenda de la mujer; pero no la halló. 21 Entonces preguntó a los hombres de aquel lugar: —¿Dónde está la prostituta que había en Enaim, junto al camino? — Nunca ha habido aquí ninguna prostituta —dijeron ellos. 22 Entonces él se volvió a Judá y le dijo: —No la he hallado. Además, los hombres del lugar me dijeron: «Nunca ha habido aquí ninguna prostituta». 23 Judá respondió: —Pues que se quede con todo, para que no seamos objetos de burla. Yo le he enviado este cabrito, pero tú no la has hallado. 24 Sucedió que al cabo de unos tres meses fue dado este aviso a Judá: —Tamar, tu nuera, ha fornicado, y ten por seguro que está embarazada a causa de las fornicaciones. Entonces dijo Judá: —¡Sacadla y quemadla! 25 Pero ella, cuando la sacaban, envió a decir a su suegro: «Del dueño de estas cosas estoy embarazada». También dijo: «Mira ahora de quién son estas cosas: el sello, el cordón y el bastón». 26 Cuando Judá los reconoció, dijo: «Más justa es ella que yo, por cuanto no la he dado a mi hijo Sela». Y no volvió a acostarse con ella. 27 Aconteció que, al tiempo de dar a luz, había gemelos en su seno. 28 Y sucedió durante el parto que uno de ellos sacó la mano, y la partera tomó y ató a su mano un hilo de grana, y dijo: —Este ha salido primero. 29 Pero volvió él a meter la mano, y salió su hermano; y ella dijo: —¡Cómo te has abierto paso! Por eso lo llamó Fares. 30

Después salió su hermano, el que tenía en su mano el hilo de grana, y lo llamó Zara.

Rut 4:12

Sea tu casa como la casa de Fares, el hijo de Tamar y Judá, gracias a la descendencia que de esa joven te dé el Señor.

Mateo 1:2–16

Abrahán engendró a Isaac, Isaac a Jacob, y Jacob a Judá y a sus hermanos. 3 Judá engendró, de Tamar, a Fares y a Zara; Fares a Esrom, y Esrom a Aram. 4 Aram engendró a Aminadab, Aminadab a Naasón, y Naasón a Salmón. 5 Salmón engendró, de Rahab, a Booz; Booz engendró, de Rut, a Obed, y Obed a Isaí. 6 Isaí engendró al rey David. El rey David engendró a Salomón de la que fue mujer de Urías. 7 Salomón engendró a Roboam, Roboam a Abías, y Abías a Asa. 8 Asa engendró a Josafat, Josafat a Joram, y Joram a Uzías. 9 Uzías engendró a Jotam, Jotam a Acaz, y Acaz a Ezequías. 10 Ezequías engendró a Manasés, Manasés a Amón, y Amón a Josías. 11 Josías engendró a Jeconías y a sus hermanos en los días de la deportación a Babilonia. 12 Después de la deportación a Babilonia, Jeconías engendró a Salatiel, y Salatiel a Zorobabel. 13 Zorobabel engendró a Abiud, Abiud a Eliaquim, y Eliaquim a Azor. 14 Azor engendró a Sadoc, Sadoc a Aquim, y Aquim a Eliud. 15 Eliud engendró a Eleazar, Eleazar a Matán, Matán a Jacob, 16 y Jacob engendró a José, marido de María, de la cual nació Jesús, llamado el Cristo.

EOAO / *Rut 4:12*

ESCRITURAS / *escribe los versículos del devocional*

_____

_____

_____

_____

_____

_____

_____

_____

_____

_____

_____

_____

_____

_____

_____

_____

_____

OBSERVACIÓN / *escribe 3 - 4 observaciones*

_____

_____

_____

_____

_____

_____

_____

_____

_____

APLICACIÓN / *Escribe por lo menos 1 - 2 aplicaciones*

ORACIÓN / *Escribe una oración sobre lo que has aprendido y lo que Dios te ha revelado.*

EOAO

Rut 4:12

*"Sea tu casa como la casa de Fares, el hijo de Tamar y Judá,
gracias a la descendencia que de esa joven te dé el Señor."*

EN EL TEXTO

Hay temas consistentes a lo largo del Libro de Génesis, especialmente a través de las narrativas patriarcales. El relato de Judá y Tamar continúa mostrando estos temas, vinculando eventos aparentemente aislados con el resto de la narración.

Uno de estos temas particularmente evidentes es la elección de Dios de un hermano menor sobre el primogénito. Judá intentó obtener el estatus de primogénito vendiendo a José a los madianitas. Judá fue el siguiente en la fila ya que sus tres hermanos mayores se descalificaron a sí mismos por falla moral (ver Génesis 34; 35:22). Aunque Dios había escogido a José para que recibiera la doble porción del primogénito, Judá también recibiría una bendición debido a su arrepentimiento del pecado y la obediencia resultante.

Judá traicionó y vendió a su hermano como esclavo y luego engañó a su padre haciéndole creer que José estaba muerto. Escogió las cosas del mundo, la maldad y una vida alejada de Dios. Se fue a vivir con los cananeos, el pueblo del cual Dios había ordenado a los hijos de Israel que se mantuvieran separados. Su falta de vivir obedientemente condujo a la muerte de sus hijos, ya que ellos también eran malvados ante el Señor. Judá se negó a dar a Tamar, su nuera, a su hijo Sela después de la muerte de su esposo. Dios disciplinó a Judá como había disciplinado a su padre. Judá engañó a su padre y a su vez fue disciplinado por Dios a través del engaño de su nuera.

Tamar se destaca como la única persona bien intencionada en estos eventos. Si bien podemos ver sus acciones con desdén, ella estaba tratando de asegurar su futuro y reclamar sus derechos como esposa del primogénito de Judá. En medio de una familia corrupta, evitó que la línea de Judá se asimilara a los cananeos. Ella protegió a la familia y fue considerada en la historia de Israel con respeto y honor. Sus acciones rescataron la línea de Judá, la línea a través de la cual Dios traería a Su Hijo al mundo.

La historia de Tamar nos muestra que no importa la desesperación, no importa cuánto haya errado Su pueblo escogido, Dios es el héroe. Él es quien disciplinó a Judá y lo condujo de regreso a la casa de su padre. Él es quien hizo justicia para Tamar, honrándola en la historia de Israel. E incluso en el desorden de esta situación, el resultado final fue el nacimiento de Aquel que salvaría al mundo del pecado y la muerte. Jesucristo descendió de Judá y Tamar, recordándonos que nuestro Dios siempre cumplirá Sus buenos propósitos, a pesar del pecado de las personas.

Génesis 39

Nada más llegar José a Egipto, Potifar, un egipcio oficial de Faraón, capitán de la guardia, lo compró a los ismaelitas que lo habían llevado allá. 2 Pero el Señor estaba con José, quien llegó a ser un hombre próspero, y vivía en la casa del egipcio, su amo. 3 Vio su amo que el Señor estaba con él, y lo hacía prosperar en todo lo que emprendía. 4 Esto hizo que José se ganara la simpatía de su amo, el cual lo hizo mayordomo de su casa y le confió la administración de todos sus bienes. 5 Desde el momento en que le dio el encargo de su casa y de todo lo que tenía, el Señor bendijo la casa del egipcio a causa de José, y la bendición del Señor estaba sobre todo lo que tenía, tanto en la casa como en el campo. 6 Él mismo dejó todo lo que tenía en manos de José, y con él no se preocupaba de nada, excepto del pan que comía. José era apuesto y atractivo, 7 y sucedió después de esto que la mujer de su amo se fijó en él, y le dijo: —Acuéstate conmigo. 8 Pero él no quiso, y dijo a la mujer de su amo: —Mi señor no se preocupa conmigo de lo que hay en casa, y ha puesto en mis manos todo lo que tiene. 9 No hay otro mayor que yo en esta casa, y ninguna cosa me ha reservado sino a ti, por cuanto tú eres su mujer. ¿Cómo voy a cometer yo tal infamia y pecar contra Dios? 10 Y, por más que ella insistía día tras día, José rechazaba su invitación de acostarse con ella, o de hacerle compañía, 11 Pero aconteció un día, cuando entró él en casa a hacer su oficio, que no había nadie de los de casa allí. 12 Entonces ella lo tomó por la ropa y le dijo: —Acuéstate conmigo. Pero él dejó su ropa en las manos de ella y salió a toda prisa. 13 Cuando ella vio que le había dejado la ropa en sus manos y había huido, 14 llamó a los de casa: —Mirad, nos ha traído un hebreo para que hiciera burla de nosotros. Ha venido a mí para acostarse conmigo, y yo he dado grandes voces. 15 Al ver que yo gritaba, ha dejado junto a mí su ropa, y ha salido a toda prisa. 16 Ella guardó el manto de José hasta que regresó su señor a la casa. 17 Entonces le repitió las mismas palabras: —El siervo hebreo que nos has traído, ha venido a mí para deshonrarme. 18 Y cuando me he puesto a gritar, ha dejado su ropa junto a mí y ha huido. 19 Al oír el amo de José las palabras de su mujer, que decía: «Así me ha tratado tu siervo», se encendió su furor. 20 Tomó su amo a José y lo puso en la cárcel, donde estaban los presos del rey; y allí se quedó. 21 Pero el Señor estaba con José y extendió a él su misericordia, pues hizo que se ganara el favor del jefe de la cárcel. 22 El jefe de la cárcel puso en manos de José el cuidado de todos los presos que había en aquella prisión; todo lo que se hacía allí, él lo hacía. 23 No necesitaba atender el jefe de la cárcel nada de lo que estaba al cuidado de José, porque el Señor estaba con José, y lo que él hacía, el Señor lo prosperaba.

Santiago 1:2–18

Hermanos míos, gozaos profundamente cuando estéis pasando por diversas pruebas, 3 pues sabéis que cuando vuestra fe es puesta a prueba produce paciencia. 4 Pero procurad que la paciencia lleve a feliz término su obra, para que seáis perfectos y cabales, sin que os falte cosa alguna. 5 Si alguno de vosotros tiene falta de sabiduría, pídasela a Dios, el cual da a todos abundantemente y sin reproche, y le será dada. 6 Pero pida con fe, sin dudar nada, porque el que duda es semejante a la ola del mar, que es arrastrada por el viento y llevada de una parte a otra. 7 Quien así sea, no piense que recibirá cosa alguna del Señor, 8 pues el hombre indeciso es inconstante en todo cuanto emprende. 9 El hermano que es de humilde condición debe sentirse orgulloso cuando sea exaltado; 10 el rico, debe sentirse igual cuando sea humillado, porque pasará como la flor de la hierba: 11 cuando sale el sol con calor abrasador, la hierba se seca, su flor se cae y desaparece su hermosura. Lo mismo le sucederá al rico en todas sus empresas. 12 Dichoso el que resiste la tentación, porque cuando haya pasado la prueba, recibirá la corona de vida que Dios ha prometido a los que lo aman. 13 Cuando alguno es tentado no diga que es tentado de parte de Dios, porque Dios no puede ser tentado por el mal ni él tienta a nadie; 14 sino que cada uno es tentado por sus propios malos deseos, que lo arrastran y lo seducen. 15 Estos malos deseos conciben y dan a luz el pecado; y el pecado, una vez cometido, da a luz la muerte. 16 Amados hermanos míos, no os engañéis. 17 Toda buena dádiva y todo don perfecto desciende de lo alto, del Padre de las luces, en quien no hay cambio ni sombra de variación. 18 Él, por su propia voluntad, nos hizo nacer por la palabra de verdad, para que seamos las primicias de su creación.

ESCRIBE
Reflexiona

....
....
....
....
....
....
....
....
....
....
....
....
....
....
....
....
....

EOAO / *Santiago 1:12–13, 17*
ESCRITURAS / *escribe los versículos del devocional*

_____

_____

_____

_____

_____

_____

_____

_____

_____

_____

_____

_____

_____

_____

_____

_____

_____

_____

OBSERVACIÓN / *escribe 3 - 4 observaciones*

_____

_____

_____

_____

_____

_____

_____

_____

_____

_____

APLICACIÓN / *Escribe por lo menos 1 - 2 aplicaciones*

_____

_____

_____

_____

_____

_____

_____

_____

_____

_____

_____

_____

ORACIÓN / *Escribe una oración sobre lo que has aprendido y lo que Dios te ha revelado.*

_____

_____

_____

_____

_____

_____

_____

_____

_____

_____

_____

_____

_____

_____

EOAO

Santiago 1:12–13, 17

"Dichoso el que resiste la tentación, porque cuando haya pasado la prueba, recibirá la corona de vida que Dios ha prometido a los que lo aman. Cuando alguno es tentado no diga que es tentado de parte de Dios, porque Dios no puede ser tentado por el mal ni él tienta a nadie"

"Toda buena dádiva y todo don perfecto desciende de lo alto, del Padre de las luces, en quien no hay cambio ni sombra de variación."

EN EL TEXTO

Después de relatar la desobediencia de Judá, el escritor de Génesis muestra la fidelidad de José, el líder elegido por Dios. La primera escena del capítulo 39 muestra la bendición de Dios sobre José, confirmando que Su presencia estaba con él, incluso en Egipto, dándole éxito en la casa de Potifar. El enfoque está en la presencia y la bendición de Dios, no en la obra de José. José reconoció la bendición de Dios y sirvió fielmente. Aunque enfrentó el rechazo y la traición de sus hermanos, Dios lo llevó a un lugar de preeminencia y autoridad en la casa de Potifar.

La dedicación de José a Dios le permitió resistir la tentación. José estaba seguro de que Dios lo había bendecido, otorgándole un éxito que solo podía provenir de Él. Su convicción de permanecer fiel a Dios se construyó con el tiempo, no en su momento de tentación. La tentación llegó a José en un momento de gran bendición, quizás cuando estaba más vulnerable, pero actuó con fe y decidió obedecer a Dios. Su conocimiento y confianza en la presencia y bendición de Dios le permitió a José hacer lo que honraba a Dios.

Después de que José fuera encarcelado injustamente, una vez más experimentó la gran bendición de Dios. Él continuó estando con José en la prisión de la misma manera que estuvo en la casa de Potifar. Sus circunstancias no influyeron en la fidelidad de Dios. Incluso en prisión, Dios hizo que José tuviera éxito en todo lo que hacía. Más aún recompensó la obediencia de José, aunque puede que no haya sido inmediata. La bendición renovada confirmó el llamado de Dios sobre su vida.

El ejemplo de José proporciona a los creyentes un excelente marco de cómo resistir la tentación. Cuando no estemos experimentando un tiempo de prueba, debemos reconocer que Dios ha puesto un llamado único en nuestras vidas como creyentes en Cristo. Podemos resistir la tentación con éxito si hemos pasado tiempo preparándonos, creciendo en nuestra fe y relación con Dios, además desarrollando la convicción de que todas las cosas buenas provienen de Él y no de nuestros propios esfuerzos. Dios es fiel en usar pruebas y tentaciones en nuestras vidas mientras nos prepara para lo que ha planeado. Toda bendición proviene de Él, y Él es fiel en recompensar la obediencia de Su pueblo en Su tiempo perfecto.

Génesis 40

Aconteció después de estas cosas, que el copero y el panadero del rey de Egipto delinquieron contra su señor. 2 Y se enojó Faraón contra sus dos o!ciales, el jefe de los coperos y el jefe de los panaderos, 3 y los puso en prisión en la casa del capitán de la guardia, en la cárcel donde José estaba preso. 4 El capitán de la guardia puso a José a cargo de ellos, y él los atendía. Llevaban varios días en la prisión, 5 cuando una noche el copero y el panadero del rey de Egipto, que estaban allí arrestados, tuvieron cada uno un sueño, y cada sueño tenía su propio significado. 6 Fue a ellos José por la mañana y vio que estaban tristes. 7 Entonces les preguntó: —¿Por qué tenéis hoy tan mala cara? 8 Ellos le dijeron: —Hemos tenido un sueño y no hay quien lo interprete. José les dijo: —¿Acaso no corresponde a Dios interpretar los sueños? Contádmelo ahora. 9 Entonces el jefe de los coperos contó su sueño a José: —Yo soñaba que veía una vid delante de mí 10 y en la vid, tres sarmientos; y ella echaba brotes, florecía y maduraban sus racimos de uvas. 11 Y que la copa de Faraón estaba en mi mano, y tomaba yo las uvas y las exprimía en la copa de Faraón, y ponía la copa en la mano de Faraón. 12 José le dijo: —Esta es su interpretación: los tres sarmientos son tres días. 13 Al cabo de tres días levantará Faraón tu cabeza, te restituirá a tu puesto y darás la copa a Faraón en su mano, como solías hacer cuando eras su copero. 14 Acuérdate, pues, de mí cuando te vaya bien; te ruego que tengas misericordia y hagas mención de mí a Faraón, y que me saques de esta casa, 15 porque fui raptado de la tierra de los hebreos y nada he hecho aquí para que me pusieran en la cárcel. 16 Al ver el jefe de los panaderos que aquella interpretación había sido para bien, dijo a José: —También yo he soñado que veía tres canastillos blancos sobre mi cabeza. 17 En el canastillo más alto había toda clase de manjares de pastelería para Faraón, y las aves los comían del canastillo de sobre mi cabeza. 18 Entonces respondió José: —Esta es su interpretación: Los tres canastillos son tres días. 19 Al cabo de tres días quitará Faraón tu cabeza de sobre ti. Te hará colgar en la horca, y las aves comerán la carne que te cubre. 20 Al tercer día, que era el día del cumpleaños de Faraón, el rey ofreció un banquete a todos sus sirvientes; y alzó la cabeza del jefe de los coperos y la cabeza del jefe de los panaderos en presencia de sus servidores. 21 Hizo volver a su oficio al jefe de los coperos, y volvió este a poner la copa en la mano de Faraón. 22 Pero hizo ahorcar al jefe de los panaderos, como José lo había interpretado. 23 Sin embargo, el jefe de los coperos no se acordó de José, sino que lo olvidó.

Salmos 13

¿Hasta cuándo, Señor? ¿Me olvidarás para siempre? ¿Hasta cuándo esconderás tu rostro de mí? 2 ¿Hasta cuándo tendré conflictos en mi alma, con angustias en mi corazón cada día? ¿Hasta cuándo va a triunfar mi enemigo? 3 Mira, respóndeme, Señor, Dios mío; alumbra mis ojos, para no caer en el sueño de la muerte, 4 para que no diga mi enemigo: «Le he vencido». Mis enemigos se alegrarán si yo resbalo. 5 Mas yo en tu misericordia he confiado; mi corazón se alegrará en tu salvación. 6 Cantaré al Señor porque me ha hecho bien.

ESCRIBE
Reflexiona

....
....
....
....
....
....
....
....
....
....
....
....
....
....
....
....

EOAO / *Salmos 13:5–6*
ESCRITURAS / *escribe los versículos del devocional*

_____

_____

_____

_____

_____

_____

_____

_____

_____

_____

_____

_____

_____

_____

_____

_____

OBSERVACIÓN / *escribe 3 - 4 observaciones*

_____

_____

_____

_____

_____

_____

_____

_____

APLICACIÓN / *Escribe por lo menos 1 - 2 aplicaciones*

_____
_____
_____
_____
_____
_____
_____
_____
_____
_____
_____
_____

ORACIÓN / *Escribe una oración sobre lo que has aprendido y lo que Dios te ha revelado.*

_____
_____
_____
_____
_____
_____
_____
_____
_____
_____
_____
_____
_____
_____
_____
_____
_____

EOAO

Salmo 13:5–6

"Mas yo en tu misericordia he confiado; mi corazón se alegrará en tu salvación. Cantaré al Señor porque me ha hecho bien."

EN EL TEXTO

En la lectura de hoy, encontramos a José en su punto más bajo. José era el hijo amado de su padre, Jacob. Dios le había dado a José una promesa de en quién se convertiría a través de una serie de sueños, mostrándole que un día sus hermanos y su padre se inclinarían ante él. Dios se le había aparecido a José en un sueño y le había hecho promesas, tal como lo había hecho con Jacob, Isaac y Abraham.

Desde que tuvo estos sueños, José soportó penurias e injusticias increíbles. Sus hermanos lo traicionaron, lo arrojaron a un pozo y lo vendieron como esclavo. Encontró el éxito en la casa de Potifar solo para ser acusado falsamente de un crimen e injustamente encarcelado. Y aunque José ascendió a una posición de autoridad en la prisión, todavía vivía en cautiverio.

En todo lo que le sucedió a José, sería comprensible que su fe flaqueara o que pensara que había entendido mal el mensaje de Dios en primer lugar. Sin embargo, después de todos estos eventos, Dios le dio a José la oportunidad de demostrar su fe, incluso en su punto más bajo.

La forma en que se registran los sueños del copero y el panadero tiene la intención de recordar a los lectores de Génesis los sueños de José de años anteriores (Génesis 37). No sabemos si José reconoció estas similitudes, pero el autor de Génesis incluyó estas conexiones para mostrar a sus lectores cómo Él todavía estaba obrando. Dios le había hablado a José a través de sueños en el pasado, y continuaría usando sueños para decirle a José lo que estaba por venir. Los pensamientos de José no se registran, pero sus acciones dicen mucho. Al interpretar los sueños, José demostró su fe inquebrantable. Todavía creía que Dios le hablaba a Su pueblo a través de sueños, y creía que Dios cumpliría las promesas que le había hecho.

Dios está obrando en nuestras vidas y situaciones. Es un Dios que ve, cuida y se mueve. Podemos ver esto en la vida de José y encontrar aliento en nuestras propias circunstancias. No importa lo que enfrentemos hoy, podemos demostrar nuestra fe al continuar creyendo en las promesas de Dios. Dios continuará realizando Sus propósitos; Su fidelidad en el pasado es un modelo y una promesa para Su fidelidad en el futuro. Seguirá trabajando, incluso cuando sintamos que estamos en el foso. Como proclamó el salmista, podemos confiar en Su fidelidad y Su próxima liberación, cantándole alabanzas cuando seamos vindicadas.

Génesis 41

Aconteció, pasados dos años, que Faraón tuvo un sueño. Le parecía que estaba junto al río, 2 y que del río subían siete vacas, muy hermosas y gordas, que pacían en el prado. 3 Tras ellas subían del río otras siete vacas, muy flacas y feas, que se pararon cerca de las vacas hermosas a la orilla del río; 4 y las vacas de feo aspecto y escuálidas devoraban a las siete vacas hermosas y muy gordas. Faraón se despertó, 5 pero se durmió de nuevo, y soñó la segunda vez: Siete espigas llenas y hermosas crecían de una sola caña, 6 y después de ellas salían otras siete espigas menudas y quemadas por el viento del desierto; 7 y las siete espigas menudas devoraban a las siete espigas gruesas y llenas. Faraón se despertó y vio que era un sueño. 8 Sucedió que por la mañana estaba agitado su espíritu, y envió a llamar a todos los magos de Egipto y a todos sus sabios. Les contó sus sueños, pero no había quien se los pudiera interpretar a Faraón. 9 Entonces el jefe de los coperos le dijo: —Es hora de que reconozca mi falta. 10 Cuando Faraón se enojó contra sus siervos, nos echó a la prisión de la casa del capitán de la guardia a mí y al jefe de los panaderos. 11 Él y yo tuvimos un sueño la misma noche, y cada sueño tenía su propio significado. 12 Estaba allí con nosotros un joven hebreo, siervo del capitán de la guardia. Se lo contamos, y él nos interpretó nuestros sueños; a cada uno nos dio la interpretación de nuestro sueño. 13 Y aconteció que como él nos los interpretó, así ocurrió: yo fui restablecido en mi puesto y el otro fue colgado. 14 Entonces Faraón envió a llamar a José; lo sacaron apresuradamente de la cárcel, le afeitaron, le cambiaron sus vestidos, y vino ante Faraón. 15 Faraón dijo a José: —Yo he tenido un sueño, y no hay quien lo interprete; pero he oído decir de ti que oyes sueños para interpretarlos. 16 Respondió José a Faraón: —No soy yo, sino Dios, quien dará al Faraón una respuesta propicia. 17 Entonces Faraón dijo a José: —En mi sueño me parecía que estaba a la orilla del río, 18 y que del río subían siete vacas de gruesas carnes y hermosa apariencia, que pacían en el prado. 19 Y que otras siete vacas subían después de ellas, flacas y muy feas; tan extenuadas, que no he visto otras tan feas en toda la tierra de Egipto. 20 Las vacas flacas y feas devoraban a las siete primeras vacas gordas; 21 pero, aunque las tenían en sus entrañas, no se notaba que hubiesen engordado; continuaban tan flacas y famélicas como antes. Entonces me desperté. 22 Luego, de nuevo en sueños, veía que siete espigas crecían en una misma caña, llenas y hermosas. 23 Y que otras siete espigas, menudas, marchitas y quemadas por el viento del desierto, crecían después de ellas; 24 y las espigas menudas devoraban a las siete espigas hermosas. Esto he contado a los magos, pero no hay quien me lo interprete. 25 Entonces respondió José a Faraón: —El sueño de Faraón es uno solo. Dios ha mostrado a Faraón lo que va a hacer. 26 Las siete vacas hermosas son siete años, y las espigas hermosas son siete años: se trata de un mismo sueño. 27 También las siete vacas flacas y feas que subían tras ellas son siete años, y las siete espigas menudas y quemadas por el viento del desierto serán siete años de hambre. 28 Esto es lo que respondo a Faraón. Lo que Dios va a hacer, lo ha mostrado a Faraón. 29 Vienen siete años de gran abundancia en toda la tierra de Egipto. 30 Tras ellos seguirán siete años de hambre: toda la abundancia será olvidada en la tierra de Egipto, y el hambre consumirá la tierra. 31 Y aquella abundancia no se echará de ver, a causa del hambre que la seguirá, la cual será gravísima. 32 Y que Faraón haya tenido el sueño dos veces significa que la cosa es firme de parte de Dios, y que Dios se apresura a hacerla. 33 Por tanto, es necesario que Faraón se provea de un hombre prudente y sabio, y que lo ponga sobre la tierra de Egipto. 34 Haga esto Faraón: ponga gobernadores sobre el país, que recojan la quinta parte de las cosechas de Egipto en los siete años de la abundancia. 35 Junten toda la provisión de estos buenos años que vienen, recojan el trigo bajo la mano de Faraón para mantenimiento de las ciudades y guárdenlo. 36 Y esté aquella provisión en depósito para el país, para los siete años de hambre que habrá en la tierra de Egipto; y el país no perecerá de hambre. 37 Esto le pareció bien a Faraón y a sus siervos, 38 y dijo Faraón a sus siervos: —¿Acaso hallaremos a otro hombre como este, en quien esté el espíritu de Dios? 39 Y dijo Faraón a José: —Puesto que Dios te ha hecho saber todo esto, no hay nadie más sabio y competente que tú. 40 Así que tú estarás al frente de mi casa, y todo mi pueblo se someterá a lo que digas; solamente en el trono seré yo mayor que tú. 41 Dijo además Faraón a José: —Yo te he puesto sobre toda la tierra de Egipto. 42 Entonces Faraón se quitó el anillo de su mano y lo puso en la mano de José; lo hizo vestir de ropas de lino finísimo y puso un collar de oro en su cuello. 43 Lo hizo subir en su segundo carro, y pregonaban delante de él: «¡Doblad la rodilla!». Así quedó José sobre toda la tierra de Egipto. 44 Luego dijo Faraón a José: —Yo soy Faraón, pero sin ti nadie alzará su mano ni su pie en toda la tierra de Egipto. 45 Faraón puso a José el nombre de Zafnatpanea, y le dio por mujer a Asenat, hija de Potifera, sacerdote de On. Así quedó José al frente de toda la tierra de Egipto. 46 Tenía José treinta años cuando fue presentado delante de Faraón, el rey de Egipto; y salió José de delante de Faraón y recorrió toda la tierra de Egipto. 47 En aquellos siete años de abundancia la tierra produjo en gran cantidad. 48 Y él recogió todo el alimento de los siete años de abundancia que hubo en la tierra de Egipto, y almacenó alimento en las ciudades, pues puso en cada ciudad el alimento de los campos de alrededor. 49 Recogió José trigo como si fuera arena del mar; tanto que no se podía contar, porque era incalculable. 50 Antes que llegase el primer año de hambre, José tuvo dos hijos con su esposa Asenat, hija de Potifera, sacerdote de On. 51 Llamó José al primogénito Manasés, porque dijo: «Dios me ha hecho olvidar todos mis sufrimientos, y a toda la casa de mi padre». 52 Al segundo lo llamó Efraín, porque dijo: «Dios me ha hecho fructificar en la tierra de mi aflicción». 53 Se cumplieron así los siete años de abundancia que hubo en la tierra de Egipto, 54 y comenzaron a llegar los siete años de hambre, como José había predicho. Hubo hambre en todos los países, pero en toda la tierra de Egipto había pan. 55 Cuando se sintió el hambre en toda la tierra de Egipto, el pueblo clamó por pan a Faraón. Y dijo Faraón a todos los egipcios: —Id a José, y haced lo que él os diga. 56 Cuando el hambre se extendió por todo el país, abrió José todos los graneros donde estaba el trigo, y lo vendía a los egipcios, porque había crecido el hambre en la tierra de Egipto. 57 Y de todos los países venían a Egipto para comprar grano a José, porque por toda la tierra había crecido el hambre.

EOAO / *Génesis 41:51–52*

ESCRITURAS / *escribe los versículos del devocional*

_____

_____

_____

_____

_____

_____

_____

_____

_____

_____

_____

_____

_____

_____

_____

_____

_____

_____

OBSERVACIÓN / *escribe 3 - 4 observaciones*

_____

_____

_____

_____

_____

_____

_____

_____

APLICACIÓN / *Escribe por lo menos 1 - 2 aplicaciones*

ORACIÓN / *Escribe una oración sobre lo que has aprendido y lo que Dios te ha revelado.*

EOAO

Génesis 41:51–52

"Llamó José al primogénito Manasés, porque dijo: «Dios me ha hecho olvidar todos mis sufrimientos, y a toda la casa de mi padre». Al segundo lo llamó Efraín, porque dijo: «Dios me ha hecho fructificar en la tierra de mi aflicción»."

EN EL TEXTO

Los eventos registrados en el capítulo 41 de Génesis indican un punto de inflexión importante en la vida de José. Aunque experimentó un gran sufrimiento, Dios estaba en control. La soberanía de Dios se manifiesta a través de los sueños de Faraón, la interpretación que ofreció José, el honor y la autoridad que se le otorgaron como resultado, y los nombres de sus hijos.

José tenía treinta años cuando comenzó a servir a Faraón en Egipto; tenía diecisiete años cuando sus hermanos lo vendieron a los madianitas. José pasó al menos dos de esos trece años en prisión, probablemente muchos más. Sin embargo, a pesar de que enfrentó una gran injusticia y sufrimiento, José permaneció fiel a Dios, buscándolo y caminando en obediencia sin importar sus circunstancias.

Dios mostró Su soberanía sobre las naciones al revelar Sus planes para bendecir a los egipcios con una cosecha abundante y luego humillarlos con una gran hambre. Dios controla todo, desde la naturaleza hasta las naciones y gobernantes más poderosos. Y cuando esta nación poderosa no pudo interpretar los planes de Dios, Él restauró a Su siervo fiel a un lugar de honor al llevar a cabo Sus planes soberanos.

Al revelar Sus planes para Egipto, Dios también manifestó Sus planes específicos para José, Su líder escogido. Dios, no Faraón, designó a José para que estuviera a cargo de la nación de Egipto en ese momento. Se honró la fidelidad de José en las cosas pequeñas y se le puso a cargo de muchas cosas (Génesis 37:2; 39:1–6, 21–23). Finalmente, después de mucha angustia y sufrimiento, José pudo ver el maravilloso plan de Dios para él desarrollándose ante sus ojos.

Los nombres de los hijos de José muestran su gratitud y reconocimiento por lo que Dios había hecho en su vida. El nombre Manasés fue un recordatorio de que Dios permitió que José se olvidara de su problema y de la casa de su padre. El nombre de Efraín fue un recordatorio de que Dios permitió que José fuera fructífero en la tierra de su sufrimiento. José reconoció la provisión y el cuidado de Dios sobre su vida. Reconoció la obra y la liberación de Dios para él, y los nombres de sus hijos fueron recordatorios permanentes de la fidelidad de Dios.

José escogió consistentemente las cosas de Dios. Fue fiel en todo lo que Dios le había dado, desde los rebaños de su padre hasta la casa de Potifar, desde la prisión hasta estar a cargo de toda la nación de Egipto. Su fidelidad es un modelo para las seguidoras de Cristo. No importa dónde estemos, podemos permanecer fieles y obedientes a Dios. Si bien puede que no sea de inmediato, un día Dios recompensará a aquellas que se dedican a Él.

1. *¿Tienes que soportar dificultades como líder, como José? ¿O estás, como sus hermanos, tentada a oponerte a aquellos que Dios ha puesto como líderes sobre ti? ¿Cómo puedes mantener una mentalidad eterna en estas situaciones?*

....

....

....

2. *¿Te has enfrentado a una situación en la que has sentido la necesidad de recurrir desesperadamente a otros medios para llevar a cabo los propósitos de Dios? ¿Cómo puedes permanecer obediente a Dios incluso en una situación diferente? ¿Cómo puedes confiar en Él hoy, incluso si estás en medio de un desastre?*

....

....

....

3. *¿Cómo puedes prepararte hoy para resistir la tentación en el futuro?*

....

....

....

4. *¿Cómo se mostró la fidelidad de Dios a José en la prisión? ¿Cómo has visto a Dios mostrarte Su fidelidad cuando estabas en una temporada de desesperación?*

....

....

....

5. *¿Cuándo ha sido Dios fiel para redimirte de una temporada de sufrimiento? Si estás soportando una temporada de sufrimiento, ¿qué puedes hacer hoy para recordarte a ti misma Su fidelidad?*

....

....

....

En fin, sed todos de un mismo sentir, compasivos, y amaos fraternalmente. Sed misericordiosos y amigables. No devolváis mal por mal, ni maldición por maldición. Al contrario, bendecid, pues sabéis que fuisteis llamados a heredar bendición.

1 Pedro 3:8–9

Escribe tu oración y tus
agradecimientos de la semana.

....
....
....
....
....
....
....
....
....
....
....
....

DESAFÍO DE LA SEMANA

Esta semana nos enfocaremos en el proceso de José de poner a prueba a sus hermanos, así como su
reconciliación. ¿Hay alguien con quien necesites reconciliarte? Toma medidas para perdonarlo primero
y luego, si es posible, busca la reconciliación. Escribe cómo Dios obra en tu vida y cómo ves Su
fidelidad en este proceso.

....
....
....
....
....
....
....

Génesis 42

Al saber Jacob que en Egipto había alimentos, dijo a sus hijos: —¿Por qué os estáis ahí mirando? 2 Yo he oído que hay víveres en Egipto; descended allá y comprad para nosotros, para que podamos vivir y no muramos. 3 Descendieron los diez hermanos de José a comprar trigo en Egipto. 4 Pero Jacob no envió a Benjamín, hermano de José, con sus hermanos, porque dijo: «No sea que le acontezca algún desastre». 5 Fueron, pues, los hijos de Israel entre los que iban a comprar, porque había hambre en la tierra de Canaán. 6 José era el señor de la tierra, quien le vendía trigo a todo el mundo. Cuando llegaron los hermanos de José, se inclinaron a él rostro en tierra. 7 José los reconoció en cuanto los vio; pero hizo como que no los conocía, y les preguntó con dureza: —¿De dónde habéis venido? Ellos respondieron: —De la tierra de Canaán, para comprar alimentos. 8 Reconoció, pues, José a sus hermanos, pero ellos no lo reconocieron. 9 Entonces se acordó José de los sueños que había tenido acerca de ellos, y les dijo: —Vosotros sois espías y habéis venido para estudiar las zonas desguarnecidas del país. 10—No, señor nuestro —respondieron ellos—, sino que tus siervos han venido a comprar alimentos. 11 Todos nosotros somos hijos del mismo padre y somos hombres honrados; tus siervos nunca han sido espías. 12 Pero José les replicó: —No; habéis venido a estudiar las zonas vulnerables del país. 13—Tus siervos somos doce hermanos —respondieron ellos—, hijos de un hombre de la tierra de Canaán. El menor está hoy con nuestro padre y otro ha desaparecido. 14Y José les dijo: —Eso es lo que os he dicho al afirmar que sois espías. 15 En esto seréis probados: ¡Por vida de Faraón, que no saldréis de aquí hasta que vuestro hermano menor venga! 16 Enviad a uno de vosotros para que traiga a vuestro hermano, y vosotros quedad presos. Así probaréis vuestras palabras y si habéis dicho la verdad. Porque si no es así, ¡por la vida de Faraón, que sois espías! 17 Entonces José los puso a todos en la cárcel durante tres días. 18 Al tercer día les dijo José: —Haced esto y vivid: Yo temo a Dios. 19 Si sois hombres honrados, uno de vuestros hermanos se quedará en la cárcel, mientras los demás vais a llevar el alimento para remediar el hambre de vuestra familia. 20 Pero traeréis a vuestro hermano menor; así serán verificadas vuestras palabras y no moriréis. Ellos lo hicieron así, 21 pero se decían el uno al otro: —Sin lugar a dudas, pecamos contra nuestro hermano, pues vimos la angustia de su alma cuando nos rogaba y no lo escuchamos; por eso ha venido sobre nosotros esta angustia. 22 Entonces Rubén les respondió: —¿No os dije yo: «No pequéis contra el joven»? Pero no me escuchasteis; por eso ahora se nos demanda su sangre. 23 Ellos no sabían que José los entendía, porque este tenía un intérprete para hablar con ellos. 24 Entonces se apartó José de su lado, y lloró; cuando volvió a ellos, les habló, tomó de entre ellos a Simeón y lo apresó delante de todos. 25 Después mandó José que llenaran sus sacos de trigo, les devolvieran el dinero a cada uno de ellos, lo pusieran en su saco, y que les dieran comida para el camino; así se hizo con ellos. 26 Entonces pusieron ellos su trigo sobre sus asnos y se fueron de allí. 27 Pero al abrir uno de ellos el saco para dar de comer a su asno en la posada, vio el dinero que estaba en la boca de su costal. 28 Y dijo a sus hermanos: —¡Me han devuelto mi dinero; aquí está, en mi saco! Entonces se les sobresaltó el corazón, y espantados se dijeron el uno al otro: —¿Qué es esto que nos ha hecho Dios? 29 Cuando llegaron junto a Jacob, su padre, en tierra de Canaán, le contaron todo lo que les había acontecido: 30— Aquel hombre, el señor de la tierra, nos habló con dureza y nos trató como a espías de la tierra. 31 Pero nosotros le dijimos: «Somos hombres honrados, nunca hemos sido espías. 32 Somos doce hermanos, hijos de nuestro padre; uno ha desaparecido y el menor está hoy con nuestro padre en la tierra de Canaán». 33 Entonces aquel hombre, el señor de la tierra, nos dijo: «En esto conoceré que sois hombres honrados: dejad conmigo a uno de vuestros hermanos, tomad para remediar el hambre de vuestras familias y andad, 34 traedme a vuestro hermano menor; así sabré que no sois espías, sino hombres honrados; entonces os entregaré a vuestro hermano y podréis comerciar en el país». 35 Aconteció que cuando vaciaban ellos sus sacos, vieron que en el saco de cada uno estaba la bolsa con su dinero; y tanto ellos como su padre, al ver las bolsas con el dinero, tuvieron temor. 36 Entonces su padre Jacob les dijo: —Me habéis privado de mis hijos: José no aparece, Simeón tampoco, y ahora os llevaréis a Benjamín. ¡Todo se vuelve contra mí! 37 Rubén respondió a su padre: —Quítales la vida a mis dos hijos, si no te lo devuelvo. Confíamelo a mí y yo te lo devolveré. 38 Pero Jacob replicó: —No descenderá mi hijo con vosotros, pues su hermano ha muerto y él ha quedado solo; si le acontece algún desastre en el camino por donde vais, haréis descender mis canas con dolor al seol.

2 Corintios 7:9–10

pero ahora me alegro, no porque hayáis sido entristecidos, sino porque esa tristeza os condujo al arrepentimiento. Fuisteis entristecidos según la voluntad de Dios, de modo que no habéis sufrido ningún daño por nuestra parte. 10 Porque el dolor que es según la voluntad de Dios produce arrepentimiento para salvación, de lo que no hay que arrepentirse; pero el dolor del mundo produce muerte.

EOAO / *2 Corintios 7:9–10*
ESCRITURAS / *escribe los versículos del devocional*

_____

_____

_____

_____

_____

_____

_____

_____

_____

_____

_____

_____

_____

_____

_____

_____

OBSERVACIÓN / *escribe 3 - 4 observaciones*

_____

_____

_____

_____

_____

_____

_____

_____

APLICACIÓN / *Escribe por lo menos 1 - 2 aplicaciones*

ORACIÓN / *Escribe una oración sobre lo que has aprendido y lo que Dios te ha revelado.*

EOAO

2 Corintios 7:9–10

"pero ahora me alegro, no porque hayáis sido entristecidos, sino porque esa tristeza os condujo al arrepentimiento. Fuisteis entristecidos según la voluntad de Dios, de modo que no habéis sufrido ningún daño por nuestra parte. Porque el dolor que es según la voluntad de Dios produce arrepentimiento para salvación, de lo que no hay que arrepentirse; pero el dolor del mundo produce muerte."

EN EL TEXTO

Jacob y su familia, que vivían en la tierra de Canaán, se quedaron sin comida y estaban desesperados por obtener grano. Una vez más, Egipto era un lugar de refugio para el pueblo de Dios: Abraham buscó refugio en Egipto cuando experimentaron la hambruna (Génesis 12:10); Isaac tenía la intención de ir a Egipto durante la hambruna, Dios así se lo instruyó (Génesis 26:1–3); José encontró refugio proveniente del sufrimiento de la casa de su padre en Egipto (Génesis 41:51); y, siglos más tarde, Egipto sería el lugar de refugio para Jesús y sus padres cuando escaparon de la ira de Herodes (Mateo 2:13–16).

Cuando los hermanos de José llegaron a Egipto, él inmediatamente los reconoció. El sueño de José se hizo realidad cuando sus hermanos se inclinaron ante él como gobernante del país. José sometió a sus hermanos a una serie de pruebas para determinar si sentían algún remordimiento por sus crímenes contra él. Los hermanos, como herederos de la promesa de Dios, necesitaban ser fieles para convertirse en la nación escogida de Dios. Necesitaban admitir su culpa y reconocer la disciplina de Dios, demostrando que estaban arrepentidos y que habían cambiado. Dios usó este encuentro para despertar sus conciencias y volver sus corazones hacia Él.

La declaración de culpabilidad de Rubén en Egipto y su voto a Jacob después de regresar a Canaán es una representación del arrepentimiento de los hermanos. Mostró arrepentimiento por el pecado pasado y un cambio de corazón. Las acciones de Rubén representan cómo los corazones de los hermanos habían cambiado y regresado a las cosas de Dios. Estaba dispuesto a hacer sacrificios (aunque posiblemente tontos) para redimir y restaurar la familia de Jacob. Los hijos de Jacob se convertirían en los padres de la nación escogida de Dios porque reconocieron su culpa, se arrepintieron y actuaron con rectitud.

¿Podrán confiar en que actuaremos con rectitud cuando Dios revele nuestra culpabilidad? ¿Escogeremos las cosas de Dios, el arrepentimiento y humildad o actuaremos con orgullo y a la defensiva? En su segunda carta a la iglesia en Corinto, Pablo explicó cómo a veces Dios quiere que la tristeza nos lleve al arrepentimiento. Este arrepentimiento es lo que nos lleva a reconocer nuestra necesidad de un Salvador, poner nuestra fe en Cristo y recibir la vida eterna en Él. Reconozcamos que la tristeza que sentimos por el pecado proviene de Dios y actuemos con fidelidad arrepintiéndonos.

Génesis 43

El hambre continuaba asolando el país. 2 Así que cuando se les acabó el trigo que habían llevado de Egipto, su padre les dijo: —Volved y comprad para nosotros un poco de alimento. 3 Respondió Judá: —Aquel hombre nos advirtió claramente que no nos recibirá si no llevamos a nuestro hermano menor con nosotros. 4 Si envías a nuestro hermano con nosotros, descenderemos y te compraremos alimento. 5 Pero si no lo envías, no descenderemos, porque aquel hombre nos dijo: «No veréis mi rostro si no traéis a vuestro hermano con vosotros». 6 Dijo entonces Israel: —¿Por qué me habéis hecho el daño de decir a aquel hombre que teníais otro hermano? 7 Ellos respondieron: —Aquel hombre nos preguntó expresamente por nosotros y por nuestra familia: «¿Vive aún vuestro padre? ¿Tenéis otro hermano?». Y nosotros no tuvimos más remedio que responder a sus preguntas. ¿Cómo íbamos a saber que él nos diría: «Haced venir a vuestro hermano»? 8 Entonces Judá dijo a su padre Israel: —Envía al joven conmigo; nos levantaremos e iremos enseguida, a fin de que vivamos y no muramos, ni nosotros, ni tú, ni nuestros niños. 9 Yo te respondo por él; a mí me pedirás cuentas. Si no te lo traigo de vuelta y no lo pongo delante de ti, seré ante ti el culpable para siempre. 10 Si no nos hubiésemos demorado, ciertamente hubiéramos ya ido y vuelto dos veces. 11 Entonces su padre Israel les respondió: —Si esto es lo que hay que hacer, hacedlo; tomad de lo mejor de la tierra en vuestros sacos y llevad a aquel hombre un regalo, un poco de bálsamo, un poco de miel, aromas y mirra, nueces y almendras. 12 Tomad también en vuestras manos doble cantidad de dinero, y llevad así en vuestras manos el dinero devuelto en las bocas de vuestros costales.

Tal vez fue una equivocación. 13 Asimismo, tomad a vuestro hermano, levantaos y volved a aquel hombre. 14 Que el Dios Omnipotente haga que se apiade de vosotros y os permita regresar con vuestro otro hermano y con Benjamín. Y si he de ser privado de mis hijos, que lo sea. 15 Entonces tomaron aquellos hombres el regalo, y tomaron en sus manos doble cantidad de dinero, así como a Benjamín, y se levantaron, descendieron a Egipto y se presentaron delante de José. 16 José vio con ellos a Benjamín, y dijo al mayordomo de su casa: —Lleva a casa a esos hombres, y degüella una res y prepárala, pues estos hombres comerán conmigo al mediodía. 17 Hizo el hombre como José había dicho, y llevó a los hombres a casa de José. 18 Entonces ellos tuvieron temor, porque los llevaban a casa de José. Se decían: —Por el dinero que fue devuelto en nuestros costales la primera vez, nos han traído aquí; para tendernos una trampa, atacarnos y tomarnos por esclavos a nosotros y a nuestros asnos. 19 Se acercaron, pues, al mayordomo de la casa de José, y le hablaron a la entrada de la casa: 20 —¡Ay, señor nuestro! La verdad es que nosotros descendimos al principio a comprar alimentos. 21 Y aconteció que cuando llegamos al mesón y abrimos nuestros costales, vimos que el dinero de cada uno estaba en la boca de su costal, nuestro dinero en su justo peso; y lo hemos vuelto a traer con nosotros. 22 Hemos traído también dinero para comprar más alimentos. Nosotros no sabemos quién puso nuestro dinero en nuestros costales. 23 Él les respondió: —Paz a vosotros, no temáis. Vuestro Dios y el Dios de vuestro padre os puso ese tesoro en vuestros costales; yo recibí vuestro dinero. Y les entregó a Simeón. 24 Luego los llevó aquel hombre a casa de José; les dio agua y lavaron sus pies, y dio de comer a sus asnos.

25 Ellos prepararon el regalo mientras venía José al mediodía, pues oyeron que habrían de comer allí. 26 Al entrar José en casa, ellos le presentaron el regalo que habían traído consigo, y se inclinaron ante él hasta tocar la tierra. 27 Entonces les preguntó José cómo estaban, y añadió: —¿Vuestro padre, el anciano que habíais mencionado, está bien? ¿Vive todavía? 28 Ellos respondieron: —Tu siervo, nuestro padre, está bien; aún vive. Y se inclinaron e hicieron reverencia. 29 Alzó José sus ojos y vio a su hermano Benjamín, hijo de su madre, y dijo: —¿Es este vuestro hermano menor, de quien me habíais hablado? Y añadió: —Dios tenga misericordia de ti, hijo mío. 30 Entonces José se apresuró, porque se conmovieron sus entrañas a causa de su hermano, y buscó dónde llorar; entró en su habitación y lloró allí. 31 Cuando pudo contener el llanto, lavó su rostro, salió y dijo: —Servid la comida. 32 Sirvieron para él aparte, y separadamente para ellos, y aparte también para los egipcios que con él comían, porque los egipcios no pueden comer pan con los hebreos, ya que lo consideran una abominación. 33 Y se sentaron delante de él, el mayor conforme a su primogenitura, y el menor conforme a su edad; y estaban aquellos hombres atónitos y se miraban el uno al otro. 34 José tomó viandas de delante de sí para ellos; pero la porción de Benjamín era cinco veces mayor que la de cualquiera de los demás. Y bebieron y se alegraron con él.

1 Pedro 3:8–9

En fin, sed todos de un mismo sentir, compasivos, y amaos fraternalmente. Sed misericordiosos y amigables. 9 No devolváis mal por mal, ni maldición por maldición. Al contrario, bendecid, pues sabéis que fuisteis llamados a heredar bendición

EOAO / *1 Pedro 3:8–9*
ESCRITURAS / *escribe los versículos del devocional*

_____

_____

_____

_____

_____

_____

_____

_____

_____

_____

_____

_____

_____

_____

_____

_____

_____

_____

OBSERVACIÓN / *escribe 3 - 4 observaciones*

_____

_____

_____

_____

_____

_____

_____

_____

_____

APLICACIÓN / *Escribe por lo menos 1 - 2 aplicaciones*

ORACIÓN / *Escribe una oración sobre lo que has aprendido y lo que Dios te ha revelado.*

EOAO

1 Pedro 3:8–9

*"En fin, sed todos de un mismo sentir, compasivos, y amaos
fraternalmente. Sed misericordiosos y amigables. No devolváis
mal por mal, ni maldición por maldición. Al contrario, bendecid,
pues sabéis que fuisteis llamados a heredar bendición."*

EN EL TEXTO

En su primera visita a Egipto, los hermanos reconocieron su culpa y se
arrepintieron por la forma en que trataron a José, aunque no tenían idea de que
lo estaban enfrentando nuevamente. En su segunda visita, José les presentó otra
prueba.

El favoritismo de José por parte de su padre había llevado a los hermanos a
actuar contra él. En esta prueba, José favoreció a Benjamín dándole una mayor
porción de alimento. A los hermanos se les presentó la oportunidad de dejar
atrás a Benjamín y traicionarlo como lo habían hecho con José. Al probar a
sus hermanos de esta manera, José pudo ver si sus corazones realmente habían
cambiado o si todavía actuarían de manera egoísta y maliciosa cuando se
favorecía a uno de los hijos de Raquel.

Los hermanos de José mostraron una gran madurez y un cambio radical de
corazón. Dios obró en ellos a través de su misericordia, provisión y gracia. La
promesa de Judá a Jacob, su disposición a devolver el costo del grano a los
egipcios, su gozo del banquete a pesar del favoritismo mostrado hacia Benjamín
y su conciencia de la intervención de Dios, todo esto mostraba la respuesta
adecuada de los hermanos a la prueba.

El Libro de Génesis fue escrito para la generación de israelitas que se preparaban
para entrar en la Tierra Prometida de Canaán. Los hermanos presentaron un
modelo a la nación de Israel (y la iglesia de hoy) de cómo vivir como receptor de la
bendición de Dios. Mostraron responsabilidad en su voto de cuidar a Benjamín,
honestidad en su disposición a pagar por lo que compraron, unidad en sus
esfuerzos por regresar a Egipto para rescatar a Simeón, fe en su reconocimiento
de la intervención de Dios y gratitud en su disfrute de la fiesta sin celos. Era
Dios que había cambiado sus corazones mientras los preparaba para traer a sus
familias a Egipto y convertirse en Su nación escogida.

Las creyentes en Cristo estamos llamadas a desarrollar estos mismos atributos
a medida que edificamos y bendecimos el cuerpo de Cristo. Al igual que la
nación de Israel, somos herederas de la bendición por medio de Cristo. Mientras
buscamos representarlo ante el mundo, debemos desarrollar responsabilidad,
honestidad, unidad, fe y gratitud. Debemos reconocer la misericordia, la
provisión y la gracia de Dios en todas las cosas, permitiéndole que nos lleve a
madurar para que podamos ser fieles en tiempos de prueba.

Génesis 44

Mandó José al mayordomo de su casa: —Llena de alimento los costales de estos hombres, de todo cuanto puedan llevar, y pon el dinero de cada uno en la boca de su costal. 2 También pondrás mi copa, la copa de plata, en la boca del costal del menor, con el dinero de su trigo. El mayordomo hizo como había dicho José. 3 Al amanecer, los hombres fueron despedidos con sus asnos. 4 Ya habían salido de la ciudad, aunque todavía no se habían alejado, cuando José dijo a su mayordomo: —Levántate y sigue a esos hombres. Cuando los alcances, diles: «¿Por qué habéis pagado mal por bien? ¿Por qué habéis robado mi copa de plata? 5¿No es esta en la que bebe mi señor, y la que usa para adivinar? ¡Habéis hecho mal al actuar así!». 6 Cuando él los alcanzó, les dijo estas palabras. 7Y ellos le respondieron: —¿Por qué dice nuestro señor tales cosas? ¡Lejos de nosotros hacer tal cosa! 8 Si el dinero que hallamos en la boca de nuestros costales te lo volvimos a traer desde la tierra de Canaán, ¿cómo íbamos a hurtar de casa de tu señor plata ni oro? 9 Aquel de tus siervos a quien se le encuentre la copa, que muera, y aun nosotros seremos esclavos de mi señor. 10 Entonces el mayordomo dijo: —Que sea como decís, pero solo el que tenga la copa será mi esclavo, los demás podréis marcharos. 11 Ellos entonces se dieron prisa, bajó cada uno su costal a tierra y cada cual abrió el suyo. 12 El mayordomo buscó, comenzando por el mayor y terminando por el menor, y la copa fue hallada en el costal de Benjamín. 13 Entonces ellos rasgaron sus vestiduras, cargó cada uno su asno, y volvieron a la ciudad. 14 Entró Judá con sus hermanos en casa de José, que aún estaba allí, y se postraron en tierra delante de él. 15 Y les dijo José: —¿Qué delito es este que habéis perpetrado?

¿No sabéis que un hombre como yo sabe adivinar? 16 Entonces dijo Judá: —¿Qué diremos a mi señor? ¿Cómo podremos probar nuestra inocencia? Dios ha puesto al descubierto la culpa de tus siervos. Seremos tus esclavos, mi señor, tanto nosotros como aquel en cuyo poder fue hallada la copa. 17 José respondió: —Nunca haga yo tal cosa. El hombre en cuyo poder se halló la copa, ese será mi esclavo; vosotros id en paz junto a vuestro padre. 18 Entonces Judá se acercó a él y le dijo: —¡Ay, señor mío!, te ruego que permitas a tu siervo decir una palabra a oídos de mi señor, y no se encienda tu enojo contra tu siervo, pues tú eres como Faraón. 19 Mi señor preguntó a sus siervos: «¿Tenéis padre o hermanos?». 20 Y nosotros respondimos a mi señor: «Sí, tenemos un padre anciano y un hermano joven, pequeño aún, que le nació en su vejez; un hermano suyo murió, y solo él quedó de los hijos de su madre, y su padre lo ama». 21 Tú dijiste a tus siervos: «Traédmelo, pues quiero verlo». 22 Y nosotros dijimos a mi señor: «El joven no puede dejar a su padre, porque si lo deja, su padre morirá». 23 Y dijiste a tus siervos: «Si vuestro hermano menor no viene con vosotros, no veréis más mi rostro». 24 Aconteció, pues, que cuando llegamos a mi padre, tu siervo, le contamos las palabras de mi señor. 25 Y dijo nuestro padre: «Volved a comprarnos un poco de alimento». 26 Pero nosotros respondimos: «No podemos ir. Si nuestro hermano va con nosotros, iremos, porque no podremos presentarnos ante aquel hombre, si no está con nosotros nuestro hermano menor». 27 Entonces tu siervo, mi padre, nos dijo: «Vosotros sabéis que dos hijos me dio a luz mi mujer; 28 uno de ellos se fue de mi lado, y supongo que fue despedazado, porque hasta ahora no lo he vuelto a ver. 29 Si ahora os lleváis también a este y le acontece algún desastre, haréis que con dolor desciendan mis canas al seol». 30 Ahora, pues, cuando vuelva yo a tu siervo, mi padre, si el joven no va conmigo, como su vida está ligada a la vida de él, 31 sucederá que cuando no vea al joven, morirá; y tus siervos harán que con dolor desciendan al seol las canas de nuestro padre, tu siervo. 32 Este tu siervo se hizo responsable ante mi padre del cuidado del joven. Le dije que si no se lo devuelvo, la culpa será mía de por vida. 33 Por eso te ruego que se quede ahora tu siervo en lugar del joven como esclavo de mi señor, y que el joven vaya con sus hermanos, 34 pues ¿cómo volveré yo a mi padre sin el joven? No podré, por no ver el mal que sobrevendrá a mi padre.

Juan 15:12–13

Este es mi mandamiento: que os améis los unos a los otros como yo os he amado. 13 Nadie tiene mayor amor que este, que uno dé su vida por sus amigos.

1 Juan 1:8—2:2

Si decimos que no tenemos pecado, nos engañamos a nosotros mismos y la verdad no está en nosotros. 9 Si confesamos nuestros pecados, Dios es fiel y justo para perdonar nuestros pecados y limpiarnos de toda maldad. 10 Si decimos que no hemos pecado, hacemos pasar a Dios por mentiroso y su palabra no está en nosotros. 2 Hijitos míos, estas cosas os escribo para que no pequéis. Pero si alguno ha pecado, tenemos un abogado ante el Padre, a Jesucristo, el justo. 2 Él es la propiciación por nuestros pecados, y no solamente por los nuestros, sino también por los de todo el mundo.

EOAO / *Juan 15:12–13*
ESCRITURAS / *escribe los versículos del devocional*

_____

_____

_____

_____

_____

_____

_____

_____

_____

_____

_____

_____

_____

_____

_____

_____

_____

OBSERVACIÓN / *escribe 3 - 4 observaciones*

_____

_____

_____

_____

_____

_____

_____

_____

_____

APLICACIÓN / *Escribe por lo menos 1 - 2 aplicaciones*

_____

_____

_____

_____

_____

_____

_____

_____

_____

_____

_____

_____

ORACIÓN / *Escribe una oración sobre lo que has aprendido y lo que Dios te ha revelado.*

_____

_____

_____

_____

_____

_____

_____

_____

_____

_____

_____

_____

_____

_____

_____

_____

EOAO

Juan 15:12–13

"Este es mi mandamiento: que os améis los unos a los otros como yo os he amado. Nadie tiene mayor amor que este, que uno dé su vida por sus amigos."

EN EL TEXTO

Después de festejar con sus hermanos, José los sometió a una prueba final acusándolos falsamente de robo. Los puso a prueba para ver si valoraban la vida de Benjamín más que la suya propia, algo que no habían hecho por José. Habían pasado más de veinte años desde que Judá sugirió vender a José a un grupo de ismaelitas. Y sorprendentemente, Judá fue el que estuvo dispuesto a sacrificarse para salvar a Benjamín.

Los habían descubierto. Aunque no habían cometido el crimen del que fueron acusados, Judá reconoció sus crímenes contra José, reconociendo cómo Dios había expuesto su pecado después de todo. Fueron acusados de lo que no habían hecho para que reconocieran lo que habían hecho. Judá entregó la vida de José cambiándolo por veinte piezas de plata. Sin embargo, Judá mostró un corazón cambiado cuando se ofreció en lugar de Benjamín.

Dios restauró la unidad de Su familia escogida a través de estos eventos. La voluntad de Judá de sacrificarse a sí mismo demostró que era apto para el liderazgo en la nación de Dios: los reyes más grandes del pueblo de Dios vendrían de su linaje. Sus acciones representaban la voluntad de proteger a su familia y mantener la unidad, unidad que solo podía restaurarse si alguien estaba dispuesto a soportar el sufrimiento en nombre de su hermano.

Generaciones más tarde, un descendiente de Judá realizaría el mayor acto de amor sacrificial al ofrecerse a Sí mismo por los pecados de los demás. Él soportó el sufrimiento para que pudiéramos ser salvos.

Como humanas, todas hemos pecado, todas elegimos rebelarnos y desobedecer los mandamientos de Dios. Debido a esto, nuestra unidad con Él se rompió. Pero, como pasó con la familia de José, nuestra unidad con Dios se restaura debido a la disposición de uno a sufrir por los demás. Jesucristo se ofreció a Sí mismo por nosotras, sufriendo las consecuencias del pecado para que nuestra relación con Dios pudiera ser restaurada. Su sacrificio es la máxima muestra de amor y unidad.

Solo al reconocer nuestro pecado ante Dios, podemos ser devueltas a la unidad con Él. Si decimos que no tenemos pecado, solo nos engañamos a nosotras mismas y nos alejamos de una vida de libertad en Cristo. Cuando confesamos nuestros pecados, Él es fiel para perdonarnos y restaurar nuestra relación con Dios Padre. Él es nuestro abogado, nuestro medio de unidad con el Padre porque Él dio Su vida por nosotras. ¡Su amor es incomparable!

Génesis 45:1–15

No podía ya José contenerse delante de cuantos estaban a su lado, y clamó: —¡Haced salir de mi presencia a todos! Así no quedó nadie con él cuando se dio a conocer a sus hermanos. 2 Entonces se echó a llorar a gritos; lo oyeron los egipcios, y lo oyó también la casa de Faraón. 3 Y dijo José a sus hermanos: —Yo soy José. ¿Vive aún mi padre? Sus hermanos quedaron tan pasmados que no atinaban a dar respuesta. 4 Pero José les dijo: —Acercaos ahora a mí. Ellos se acercaron, y él les dijo: —Yo soy José, vuestro hermano, el que vendisteis y que llegó a Egipto. 5 Ahora, pues, no os entristezcáis ni os pese haberme vendido acá, porque para salvar vidas me envió Dios delante de vosotros. 6 Pues ya ha habido dos años de hambre en medio de la tierra, y aún quedan cinco años en los que no habrá siembra ni cosecha. 7 Dios me envió delante de vosotros para que podáis sobrevivir sobre la tierra, para daros vida por medio de una gran liberación. 8 Así, pues, no me enviasteis acá vosotros, sino Dios, que me ha puesto por padre de Faraón, por señor de toda su casa y por gobernador en toda la tierra de Egipto. 9 Daos prisa, id a mi padre y decidle: «Así dice tu hijo José: Dios me ha puesto por señor de todo Egipto; ven a mí, no te detengas. 10 Habitarás en la tierra de Gosén, y estarás cerca de mí, tú, tus hijos y los hijos de tus hijos, tus ganados y tus vacas, y todo lo que tienes. 11 Allí te alimentaré, pues aún quedan cinco años de hambre, para que no perezcas de pobreza tú, tu casa y todo lo que tienes». 12 Mi hermano Benjamín y vosotros mismos sois testigos de que soy yo en persona quien habla. 13 Contadle a mi padre el prestigio que tengo en Egipto y todo lo que habéis visto. ¡Daos prisa, y traed a mi padre aquí! 14 José se echó sobre el cuello de su hermano Benjamín y lloró; también Benjamín lloró sobre su cuello. 15 Luego besó a todos sus hermanos y lloró sobre ellos. Después de esto, sus hermanos hablaron con él.

EOAO / *Génesis 45:5*
ESCRITURAS / *escribe los versículos del devocional*

OBSERVACIÓN / *escribe 3 - 4 observaciones*

APLICACIÓN / *Escribe por lo menos 1 - 2 aplicaciones*

ORACIÓN / *Escribe una oración sobre lo que has aprendido y lo que Dios te ha revelado.*

EOAO

Génesis 45:5

"Ahora, pues, no os entristezcáis ni os pese haberme vendido acá,
porque para salvar vidas me envió Dios delante de vosotros."

EN EL TEXTO

El mensaje de reconciliación es un tema común en el Libro de Génesis. Cuando Jacob se preparó para encontrarse con Esaú después de veinte años, estaba muy preocupado. Esaú, sin embargo, había perdonado a Jacob por su engaño porque también había sido abundantemente bendecido (Génesis 33:9). De manera similar, a los hermanos de José les preocupaba tener que enfrenar un castigo severo por los males que le habían hecho a José. Y sin embargo, José les ofreció el perdón y buscó la reconciliación. Pudo hacerlo debido a su comprensión de la soberanía de Dios.

En lugar de tomar represalias o castigar a sus hermanos cuando reconocieron su culpa, José los perdonó. Se dio cuenta de que aunque sus hermanos lo vendieron como esclavo, fue Dios quien lo envió allí. Dios obró cosas asombrosas en las dos décadas desde el incidente, usando todos los males contra José para bien. José reconoció la soberanía de Dios y no necesitaba buscar venganza.

Una comprensión adecuada de la soberanía de Dios conduce al perdón. José vio cómo Dios usó los males en su contra para lograr un mayor bienestar y preservar la vida de los miembros de su familia. En lugar de responder con represalia, José respondió con compasión. Su compasión, a su vez, condujo a la reconciliación entre los hermanos. Se restableció la unidad de la familia.

Dios siempre está obrando. Estos eventos muestran Su deseo de preservar la vida y Su capacidad de usar incluso el mal para lograr Sus propósitos soberanos. Dios incluye todas las cosas en Su plan, y por eso, no debe haber lugar en nuestros corazones para la represalia o la amargura.

La verdadera reconciliación solo puede venir de la obra de Dios en nosotros. Sin perdón, la reconciliación es imposible. Pero sin una comprensión y un reconocimiento adecuados de la soberanía de Dios, no estaremos dispuestas a perdonar a quienes nos han hecho daño. Guardar rencor o buscar represalias muestra una falta de voluntad o incapacidad para aceptar la soberanía de Dios. Él está obrando en todas las cosas, incluso en el mal, para realizar Sus propósitos. Cuando vemos los eventos en nuestras vidas como parte del gran plan de redención de Dios, podemos, con Su ayuda, perdonar a otros y reconciliarnos con ellos.

¡Qué bendición es este relato de los hermanos para nosotras mientras luchamos por la unidad con otros creyentes! Si José pudo perdonar a sus hermanos, seguramente podemos renunciar a nuestra necesidad de venganza y, en cambio, buscar la reconciliación con otros creyentes. La unidad fue crucial en la familia escogida de Dios, y es igualmente crucial en el cuerpo de Cristo hoy.

Génesis 45:16—46:30

Se oyó la noticia en la casa de Faraón: «Los hermanos de José han venido». Esto agradó a Faraón y sus siervos. 17 Y dijo Faraón a José: —Di a tus hermanos: «Haced esto: cargad vuestras bestias y marchaos; volved a la tierra de Canaán, 18 tomad a vuestro padre y a vuestras familias y venid a mí, porque yo os daré lo bueno de la tierra de Egipto y comeréis de la abundancia de la tierra». 19 Y tú ordénales lo siguiente: «Llevaos carros de Egipto para que regreséis trayendo a vuestros niños y mujeres, y también a vuestro padre. 20 Y no os preocupéis por vuestros enseres, porque la riqueza de la tierra de Egipto será vuestra». 21 Así lo hicieron los hijos de Israel; y José les dio carros conforme a la orden de Faraón y les suministró víveres para el camino. 22 A cada uno de ellos le dio un vestido nuevo, y a Benjamín le dio trescientas piezas de plata y cinco vestidos nuevos. 23 A su padre le envió esto: diez asnos cargados de lo mejor de Egipto y diez asnas cargadas de trigo, pan y comida; esto para el viaje de su padre. 24 Luego despidió a sus hermanos, y cuando se iban, les dijo: —No riñáis por el camino. 25 Subieron, pues, de Egipto, y llegaron a la tierra de Canaán, junto a su padre Jacob 26 y le comunicaron la noticia: «¡José aún vive!, y es señor en toda la tierra de Egipto». Pero el corazón de Jacob se afligió, porque no les creía. 27 Entonces ellos le repitieron todas las palabras que José les había hablado; y al ver Jacob los carros que José enviaba para llevarlo, su espíritu revivió. 28 Y dijo Israel: —¡Con esto me basta! ¡José, mi hijo, vive todavía! Iré y lo veré antes de morir. 1 Salió Israel con todo lo que tenía. Cuando llegó a Beerseba, ofreció sacrificios al Dios de su padre Isaac. 2 Y habló Dios a Israel en visiones nocturnas: —Jacob, Jacob. Él respondió: —Aquí me tienes. 3 Entonces Dios dijo: —Yo soy Dios, el Dios de tu padre; no temas descender a Egipto, porque allí haré de ti una gran nación. 4 Yo descenderé contigo a Egipto, y yo también te haré volver; y la mano de José cerrará tus ojos. 5 Jacob salió de Beerseba; y subieron los hijos de Israel a su padre Jacob, a sus niños y a sus mujeres en los carros que Faraón había enviado para llevarlo. 6 También tomaron sus ganados y los bienes que habían adquirido en la tierra de Canaán, y fueron a Egipto Jacob y toda su descendencia consigo: 7 sus hijos y los hijos de sus hijos; y sus hijas y las hijas de sus hijos. A toda su descendencia llevó consigo a Egipto. 8 Estos son los nombres de los hijos de Israel que entraron en Egipto, Jacob y sus hijos: Rubén, primogénito de Jacob. 9 Y los hijos de Rubén: Hanoc, Falú, Hezrón y Carmi. 10 Los hijos de Simeón: Jemuel, Jamín, Ohad, Jaquín, Zohar y Saúl, hijo de la cananea. 11 Los hijos de Leví: Gersón, Coat y Merari. 12 Los hijos de Judá: Er, Onán, Sela, Fares y Zara; pero Er y Onán habían muerto en la tierra de Canaán. Y los hijos de Fares fueron Hezrón y Hamul. 13 Los hijos de Isacar: Tola, Fúa, Job y Simrón. 14 Los hijos de Zabulón: Sered, Elón y Jahleel. 15 Estos fueron los hijos de Lea, los que dio a luz a Jacob en Padan-aram, y además su hija Dina. Sus hijos e hijas fueron un total de treinta y tres personas. 16 Los hijos de Gad: Zifión, Hagui, Ezbón, Suni, Eri, Arodi y Areli. 17 Los hijos de Aser: Imna, Isúa, Isúi, Bería y Sera, hermana de ellos. Los hijos de Bería: Heber y Malquiel. 18 Estos fueron los hijos de Zilpa, la esclava que Labán regaló a su hija Lea, y le dio a luz a Jacob; en total dieciséis personas. 19 Los hijos de Raquel, mujer de Jacob: José y Benjamín. 20 A José le nacieron en la tierra de Egipto Manasés y Efraín, los que tuvo con Asenat, hija de Potifera, sacerdote de On. 21 Los hijos de Benjamín fueron Bela, Bequer, Asbel, Gera, Naamán, Ehi, Ros, Mupim, Hupim y Ard. 22 Estos fueron los hijos de Raquel, que nacieron a Jacob; en total catorce personas. 23 Los hijos de Dan: Husim. 24 Los hijos de Neftalí: Jahzeel, Guni, Jezer y Silem. 25 Estos fueron los hijos que Bilha, la que dio Labán a Raquel, su hija, dio a luz de Jacob; en total siete personas. 26 Todas las personas que llegaron con Jacob a Egipto, nacidas de él, sin contar las mujeres de los hijos de Jacob, todas ellas fueron sesenta y seis. 27 Y los hijos de José, que le nacieron en Egipto, dos personas. Todas las personas de la casa de Jacob que entraron en Egipto fueron setenta. 28 Cuando llegaron a la tierra de Gosén, Jacob mandó a Judá que se adelantara para pedirle a José que viniera a verlo allí. 29 José unció su carro y fue a recibir a Israel, su padre, en Gosén. Al verlo, se echó sobre su cuello y lloró largamente. 30 Entonces Israel dijo a José: —Muera yo ahora, ya que he visto tu rostro y sé que aún vives.

ESCRIBE
Reflexiona

....
....
....
....
....
....
....
....
....
....
....
....
....
....
....
....

EOAO / *Génesis 46:2–4*
ESCRITURAS / *escribe los versículos del devocional*

_____

_____

_____

_____

_____

_____

_____

_____

_____

_____

_____

_____

_____

_____

_____

_____

_____

OBSERVACIÓN / *escribe 3 - 4 observaciones*

_____

_____

_____

_____

_____

_____

_____

_____

APLICACIÓN / *Escribe por lo menos 1 - 2 aplicaciones*

ORACIÓN / *Escribe una oración sobre lo que has aprendido y lo que Dios te ha revelado.*

EOAO

Génesis 46:2–4

"Y habló Dios a Israel en visiones nocturnas: —Jacob, Jacob. Él respondió: —Aquí me tienes. Entonces Dios dijo: —Yo soy Dios, el Dios de tu padre; no temas descender a Egipto, porque allí haré de ti una gran nación. Yo descenderé contigo a Egipto, y yo también te haré volver; y la mano de José cerrará tus ojos."

EN EL TEXTO

El Libro de Génesis narra los comienzos de una familia a través de la cual Dios bendeciría al mundo. Esta familia comenzó con un hombre llamado Abram (más tarde Abraham). Dios prometió darle muchos descendientes, proveerles de una tierra propia, y por medio de ellos bendecir a todas las naciones de la tierra. Dios también le dijo a Abram que sus descendientes serían extranjeros en un país extraño, donde eventualmente serían esclavizados y oprimidos, pero que Él los libraría de su enemigo en Su tiempo perfecto (Génesis 15:13–16).

Esta promesa pasó de Abraham a su hijo Isaac, y de Isaac a su hijo Jacob. Aunque los últimos capítulos de Génesis se han enfocado principalmente en el hijo de Jacob, José, en la lectura de hoy descubrimos que los eventos están registrados para mostrar cómo Dios trajo a Jacob y su familia (descendientes de Abraham) a la tierra extranjera de Egipto.

Este relato conecta la narración con las promesas patriarcales anteriores en el libro, recordando a los lectores de Génesis la fidelidad y soberanía de Dios. Los planes que le reveló a Abram nunca fueron dejados de lado. Él estaba trabajando a través de Su pueblo escogido y en Su tiempo perfecto para llevar a cabo Su plan final.

Dios se le había aparecido previamente a Jacob en sueños en momentos significativos de su vida: en Betel, confirmando Su llamamiento en la vida de Jacob (Génesis 28:10–22), y en Padán-aram, cuando Dios le indicó que regresara a la tierra de sus padres (Génesis 31:1–3). Y, una vez más, Dios se le apareció a Jacob en un sueño para darle instrucciones y confirmar Sus promesas mientras se dirigía a Egipto. Allí, Dios continuaría edificando a la familia de Jacob hasta convertirla en una gran nación. También prometió sacar a la familia de Jacob de Egipto y regresar a la tierra que prometió darles.

Dios puede llevarnos a lugares que no esperamos o presentarnos circunstancias que no comprendemos. En estos momentos, podemos depender de nuestro Dios que se caracteriza por cumplir Sus promesas. Él es el que hace la promesa, y Él es el que es fiel para cumplirla. Aferrémonos a Sus promesas y confiemos en Su tiempo y Su carácter, pase lo que pase.

1. ¿Cómo conduce la tristeza al arrepentimiento y a la salvación? ¿Has experimentado la tristeza de Dios? ¿Te llevó al arrepentimiento?

....

....

....

2. ¿Cómo puedes desarrollar responsabilidad, honestidad, unidad, fe y gratitud? ¿Cómo bendicen estas características el cuerpo de Cristo?

....

....

....

3. ¿Por qué el autosacrificio es la mayor muestra de amor? ¿Cómo fue la disposición de Judá a sacrificarse por Benjamín una figura de lo que vendría en Cristo?

....

....

....

4. ¿Cómo se relaciona la voluntad de perdonar con una comprensión de la soberanía de Dios? ¿Hay alguien a quien necesites perdonar hoy o con quien buscar la reconciliación?

....

....

....

5. ¿A qué promesas de Dios puedes aferrarte hoy? ¿Puedes estar segura de que Él cumplirá Sus promesas? ¿Por qué o por qué no?

....

....

....

Vosotros
pensasteis
hacerme mal,
pero Dios lo
encaminó a bien,
para hacer lo que
vemos hoy, para
mantener con
vida a mucho
pueblo.

Génesis 50:20

Escribe tu oración y tus
agradecimientos de la semana.

....

....

....

....

....

....

....

....

....

....

....

....

....

DESAFÍO DE LA SEMANA

Jacob mostró una gran fe en las promesas de Dios a pesar que no las vio completamente cumplidas
durante su vida. Esta semana, aparta un tiempo para encontrar algunos versículos sobre las promesas
de Dios para Su pueblo. Escríbelas en una tarjeta y colócalas alrededor de tu casa para recordar la
fidelidad de Dios y Su carácter de ser Cumplidor de promesas.

....

....

....

....

....

....

....

Génesis 46:31—47:27

Luego José dijo a sus hermanos y a la casa de su padre: —
Subiré y lo haré saber a Faraón; le diré: «Mis hermanos y la
casa de mi padre, que estaban en la tierra de Canaán, han
venido a mí. 32 Son pastores de ovejas, hombres ganaderos;
han traído sus ovejas, sus vacas y todo lo que tenían». 33
Y cuando Faraón os llame y os pregunte: «¿Cuál es vuestro
oficio?», 34 entonces diréis: «Hombres de ganadería hemos
sido nosotros tus siervos, desde nuestra juventud hasta
ahora, nosotros y nuestros padres». Así podréis habitar en
la tierra de Gosén, porque para los egipcios es abominación
todo pastor de ovejas. 1 Fue José y lo hizo saber a Faraón:
—Mi padre y mis hermanos, con sus ovejas, sus vacas y todo
lo que tienen, han venido de la tierra de Canaán y están en
la tierra de Gosén. 2 Escogió a cinco de sus hermanos y los
presentó delante de Faraón. 3 Entonces Faraón preguntó a
sus hermanos: —¿Cuál es vuestro oficio? Ellos respondieron
a Faraón: —Pastores de ovejas son tus siervos, así nosotros
como nuestros padres. 4 Dijeron además a Faraón: —Para
habitar en esta tierra hemos venido, porque no hay pasto
para las ovejas de tus siervos, pues el hambre es grave en la
tierra de Canaán; por tanto, te rogamos ahora que permitas
que habiten tus siervos en la tierra de Gosén. 5 Entonces
Faraón dijo a José: —Tu padre y tus hermanos han venido a
ti. 6 Ahí tienes la tierra de Egipto. En lo mejor del país haz
habitar a tu padre y a tus hermanos; que residan en la tierra
de Gosén, y si sabes de hombres capaces entre ellos, ponlos a
cargo de mi ganado. 7 José llevó también a Jacob, su padre,
y lo presentó delante de Faraón. Jacob bendijo a Faraón, 8
y Faraón preguntó a Jacob: —¿Cuántos años tienes? 9 Jacob
respondió a Faraón: —Tengo ya ciento treinta años de andar

peregrinando. Pocos y malos han sido los años que he vivido, pero aún no han llegado a ser como los años de vida de mis padres, en los días de su peregrinaje. 10 Jacob bendijo a Faraón y salió de su presencia. 11 Así José hizo habitar a su padre y a sus hermanos, y les dio posesión en la tierra de Egipto, en lo mejor del país, la tierra de Ramesés, como había mandado Faraón. 12 Y alimentaba José con pan a su padre, a sus hermanos y a toda la casa de su padre, según el número de los hijos. 13 No había pan en toda la tierra, y el hambre era muy grave, por lo que desfallecían de hambre la tierra de Egipto y la tierra de Canaán. 14 Recogió entonces José todo el dinero que la tierra de Egipto y la tierra de Canaán le habían pagado por los alimentos que de él compraban, y metió José el dinero en casa de Faraón. 15 Cuando se acabó el dinero de la tierra de Egipto y de la tierra de Canaán, vino todo Egipto a José y dijeron: —Danos pan. O ¿vas a permitir que muramos, porque ya no nos queda dinero? 16 José respondió: —Si se ha acabado el dinero, entregad vuestros ganados, y yo os daré trigo por vuestros ganados. 17 Trajeron ellos sus ganados a José, y José les dio alimentos a cambio de caballos, ovejas, vacas y asnos; los abasteció de pan aquel año a cambio de todos sus ganados. 18 Acabado aquel año, vinieron a él el segundo año, y le dijeron: —No ocultamos a nuestro señor que el dinero ciertamente se ha acabado, y también el ganado es ya de nuestro señor. Nada ha quedado delante de nuestro señor, sino nuestros cuerpos y nuestra tierra. 19 ¿Por qué moriremos delante de tus ojos, así nosotros como nuestra tierra? Cómpranos a nosotros y a nuestra tierra por pan, y nosotros y nuestra tierra seremos siervos de Faraón; danos semilla para que vivamos y no muramos, y que no sea asolada la tierra. 20 Entonces compró

José para Faraón todo el país de Egipto, pues los egipcios vendieron cada uno sus tierras, porque se agravó el hambre que pesaba sobre ellos. El país pasó así a ser de Faraón. 21 Y al pueblo lo hizo pasar a las ciudades, desde un extremo al otro del territorio de Egipto. 22 Solamente la tierra de los sacerdotes no compró, por cuanto los sacerdotes recibían trigo de Faraón y comían del trigo que Faraón les daba; por eso no vendieron su tierra. 23 Luego José dijo al pueblo: —Os he comprado hoy, a vosotros y a vuestra tierra, para Faraón; aquí tenéis semilla para sembrar la tierra. 24 De los frutos daréis la quinta parte a Faraón; las otras cuatro partes serán vuestras, para sembrar las tierras y para vuestra manutención, y también de los que están en vuestras casas, para que coman vuestros niños. 25 Ellos respondieron: —¡Nos has devuelto la vida! ¡Esperamos que nuestro señor nos halle dignos de ser siervos de Faraón! 26 Entonces José puso por ley hasta hoy sobre la tierra de Egipto que se diera a Faraón la quinta parte de las cosechas. Tan solo la tierra de los sacerdotes no pasó a ser de Faraón. 27 Así habitó Israel en la tierra de Egipto, en la tierra de Gosén; tomaron posesión de ella, aumentaron y se multiplicaron en gran manera.

Proverbios 8:12-17

Yo, la Sabiduría, habito con la cordura y tengo la ciencia de los consejos. 13 El temor del Señor es aborrecer el mal: yo aborrezco la soberbia, la arrogancia, el mal camino y la boca perversa. 14 Conmigo están el consejo y el buen juicio. Yo soy la inteligencia, y mío es el poder. 15 Por mí reinan los reyes, y los príncipes ejercen la justicia. 16 Por mí dominan los príncipes, y los gobernadores juzgan la tierra. 17 Yo amo a los que me aman, y me hallan los que temprano me buscan.

EOAO / *Proverbios 8:15–17*
ESCRITURAS / *escribe los versículos del devocional*

_____

_____

_____

_____

_____

_____

_____

_____

_____

_____

_____

_____

_____

_____

_____

_____

OBSERVACIÓN / *escribe 3 - 4 observaciones*

_____

_____

_____

_____

_____

_____

_____

_____

_____

APLICACIÓN / *Escribe por lo menos 1 - 2 aplicaciones*

ORACIÓN / *Escribe una oración sobre lo que has aprendido y lo que Dios te ha revelado.*

EOAO

Proverbios 8:15–17

"Por mí reinan los reyes, y los príncipes ejercen la justicia. Por mí dominan los príncipes, y los gobernadores juzgan la tierra. Yo amo a los que me aman, y me hallan los que temprano me buscan."

EN EL TEXTO

Cuando la familia de Jacob emigró a Egipto, José dio a su padre y a sus hermanos instrucciones específicas. Debían acercarse al Faraón con honor y presentarse de la manera más favorable. Mostraron gran respeto por el Faraón y su autoridad, humillándose ante él. El Faraón les mostró su favor dándoles las mejores tierras de la región. Gracias a ello, José pudo proveer de alimentos a su familia en una época de gran hambruna.

Así como el Faraón bendijo a José y a su familia, José bendijo al Faraón. José salvó muchas vidas en una situación difícil. Permitió que la gente vendiera su ganado, su trabajo y sus tierras al Faraón a cambio de alimentos. A través de esto, el Faraón se volvió muy rico. Prosperó porque había bendecido a Jacob y a su familia, el pueblo elegido por Dios.

Dios aseguró la supervivencia de su familia elegida gracias a la sabiduría de José. A lo largo de su vida, José eligió continuamente las cosas de Dios, actuando con una sabiduría superior a su edad. Incluso desde la primera acción registrada con respecto a los rebaños de su padre, José actuó con sabiduría. Dios utilizó todas las circunstancias de la vida de José para desarrollar la sabiduría en él, su líder elegido. Mientras cuidaba los rebaños de su padre, administraba la casa de Potifar, interpretaba sueños y salvaba a una nación y a su propia familia de la extinción, José mostró sabiduría, pasó su vida buscando la sabiduría de Dios y, cuando más importaba, la sabiduría que obtuvo le ayudó a salvar muchas vidas.

José sería un modelo para los reyes y líderes venideros. Su liderazgo fue un ejemplo para la nación de Israel de cómo dirigir con la sabiduría de Dios. Si el pueblo elegido por Dios iba a sobrevivir, sus líderes debían servir y dirigir con gran sabiduría.

Hoy en día, la vida de José sigue siendo un ejemplo tanto para los que ocupan puestos de liderazgo como para los que se someten a su autoridad. Los líderes deben buscar continuamente la sabiduría de Dios y permitirle dirigir sus pasos. Del mismo modo, como pueblo de Dios, debemos someternos a las autoridades que Dios ha designado, ya sean líderes nacionales como el Faraón, o líderes de nuestra iglesia local. Los que dirigen con sabiduría encontrarán ciertamente la bendición de Dios, y los que se humillan ante los líderes elegidos por Dios encontrarán vida y paz.

Génesis 47:28—48:22

Jacob vivió en la tierra de Egipto diecisiete años, y fueron los días de Jacob, los años de su vida, ciento cuarenta y siete años. 29 Cuando los días de Israel tocaban a su fin, llamó a José, su hijo, y le dijo: —Si me he ganado tu favor, te ruego que pongas tu mano debajo de mi muslo y que me trates con misericordia y lealtad. Te ruego que no me entierres en Egipto. 30 Cuando duerma con mis padres, me llevarás de Egipto y me sepultarás en el sepulcro de ellos. —Haré como tú dices —respondió José. 31—Júramelo —dijo Israel. Y José se lo juró. Entonces Israel se inclinó sobre la cabecera de la cama. 1 Sucedió después de estas cosas que dijeron a José: —Tu padre está enfermo. Entonces él tomó consigo a sus dos hijos, Manasés y Efraín. 2 Y se le hizo saber a Jacob: —Aquí está tu hijo José, que viene a ti. Con un gran esfuerzo, Israel se sentó sobre la cama 3 y dijo a José: —El Dios Omnipotente se me apareció en Luz, en la tierra de Canaán, me bendijo 4 y me dijo: «Yo te haré crecer, te multiplicaré y te pondré por estirpe de naciones; y daré esta tierra a tu descendencia después de ti por heredad perpetua». 5 Ahora bien, tus dos hijos, Efraín y Manasés, que te nacieron en la tierra de Egipto antes de venir a reunirme contigo a la tierra de Egipto, son míos; al igual que Rubén y Simeón, serán míos. 6 Los que después de ellos has engendrado, serán tuyos, pero se les conocerá en sus herencias por el nombre de sus hermanos. 7 Cuando yo venía de Padan-aram se me murió Raquel en la tierra de Canaán, en el camino, como media legua antes de llegar a Efrata; y la sepulté allí, en el camino de Efrata, que es Belén. 8 Vio entonces Israel a los hijos de José, y dijo: —¿Quiénes son estos? 9—Son mis hijos, los que Dios me ha dado aquí —respondió José a su padre. —Acércalos ahora a mí, y los bendeciré — dijo Israel. 10 Los ojos de Israel estaban tan debilitados por la vejez, que no podía ver. Los hizo, pues, acercarse a él, y él los besó y los abrazó. 11 Y dijo Israel a José: —No pensaba yo ver más tu rostro, y Dios me ha dejado ver también tu descendencia. 12 Entonces José los sacó de entre sus rodillas y se inclinó a tierra. 13 Los tomó José a ambos, Efraín a su derecha, a la izquierda de Israel, y Manasés a su izquierda, a la derecha de Israel; y los acercó a él. 14 Israel extendió su mano derecha y la puso sobre la cabeza de Efraín, que era el menor, y su mano izquierda sobre la cabeza de Manasés, y colocó así sus manos adrede, aunque Manasés era el primogénito. 15 Y pronunció esta bendición sobre José: El Dios en cuya presencia anduvieron mis padres Abrahán e Isaac, el Dios que me mantiene desde que yo soy hasta este día, 16 el Ángel que me libera de todo mal, bendiga a estos jóvenes. Sea perpetuado en ellos mi nombre y el nombre de mis padres Abrahán e Isaac, y multiplíquense y crezcan en medio de la tierra. 17 Al ver José que su padre ponía la mano derecha sobre la cabeza de Efraín, se disgustó; y tomó la mano de su padre para cambiarla de la cabeza de Efraín a la cabeza de Manasés. 18 Y dijo José a su padre: —Así no, padre mío, porque este es el primogénito; pon tu mano derecha sobre su cabeza. 19 Pero su padre no quiso hacerlo, y le respondió: —Lo sé, hijo mío, lo sé; también él llegará a ser un pueblo, y será también grande; pero su hermano menor será más grande que él, y su descendencia formará multitud de naciones. 20 Y los bendijo aquel día: —Que con vuestro nombre se bendiga en Israel, y se diga: «Que Dios haga contigo como hizo con Efraín y Manasés». Y puso a Efraín antes de Manasés. 21 Luego dijo Israel a José: —Yo muero, pero Dios estará con vosotros y os hará volver a la tierra de vuestros padres. 22 A ti te he dado una parte más que a tus hermanos, la cual tomé al amorreo con mi espada y con mi arco.

Isaías 55:8–9

Porque mis pensamientos no son vuestros pensamientos ni vuestros caminos mis caminos, dice el Señor. 9 Como son más altos los cielos que la tierra, así son mis caminos más altos que vuestros caminos y mis pensamientos más que vuestros pensamientos.

Filipenses 1:6

Estoy seguro de que Dios, que comenzó en vosotros la buena obra la irá llevando a término hasta el día de Jesucristo.

Hebreos 11:13

Todos estos murieron con esa fe sin haber recibido lo prometido, pero, por fe, lo vieron de lejos, lo creyeron y lo saludaron, pues reconocían que eran extranjeros y peregrinos sobre la tierra.

Hebreos 11:21

Por la fe Jacob, al morir, bendijo a cada uno de los hijos de José, y adoró apoyado sobre la punta de su bastón.

ESCRIBE
Reflexiona

....
....
....
....
....
....
....
....
....
....
....
....
....
....
....
....
....

EOAO / *Hebreos 11:13, 21*
ESCRITURAS / *escribe los versículos del devocional*

_____

_____

_____

_____

_____

_____

_____

_____

_____

_____

_____

_____

_____

_____

_____

_____

_____

_____

_____

_____

OBSERVACIÓN / *escribe 3 - 4 observaciones*

_____

_____

_____

_____

_____

_____

_____

_____

_____

APLICACIÓN / *Escribe por lo menos 1 - 2 aplicaciones*

ORACIÓN / *Escribe una oración sobre lo que has aprendido y lo que Dios te ha revelado.*

EOAO

Hebreos 11:13, 21

"Todos estos murieron con esa fe sin haber recibido lo prometido, pero, por fe, lo vieron de lejos, lo creyeron y lo saludaron, pues reconocían que eran extranjeros y peregrinos sobre la tierra."

"Por la fe Jacob, al morir, bendijo a cada uno de los hijos de José, y adoró apoyado sobre la punta de su bastón."

EN EL TEXTO

El mayor acto de fe de Jacob se produjo al final de su vida. Sabía que se estaba muriendo y le pidió a José que le prometiera enterrarlo en la tierra de sus padres, la tierra que Dios había prometido dar a sus descendientes. Cuando bendijo a Efraín, el segundo hijo de José, como primogénito, mostró una comprensión de los planes y propósitos de Dios más allá de su vida.

Los caminos de Dios no son como los nuestros. No está sujeto a la cultura ni a los rituales; Él hace lo que le place. A lo largo de la narración de los patriarcas, Dios eligió continuamente a un hijo menor para que heredara una bendición sobre el primogénito. En la antigua cultura del Cercano Oriente, el primogénito recibía una bendición y una doble porción de la herencia del padre. Sin embargo, las elecciones de Dios dependen de Sus propósitos eternos, no del orden de nacimiento ni de las normas culturales. Jacob entendió esto y no cuestionó la sabiduría de Dios al bendecir a Efraín sobre Manasés. Se sometió a la dirección de Dios, actuando con fe al bendecir a los hijos de José.

Las acciones de Jacob en esta escena muestran la obra continua de Dios en su vida. En los acontecimientos anteriores, Jacob actuó con engaño y autosuficiencia. Mostró tendencias pasivas y favoritismo con sus esposas e hijos. Pero Dios nunca dejó de obrar en Jacob; lo moldeó continuamente sólo por Su gracia. Después de una vida de disciplina, Jacob fue capaz de discernir la voluntad de Dios. Tuvo una fe total en que Dios seguiría bendiciendo a su familia y los llevaría de vuelta a la tierra que había prometido darles. Jacob aprendió a someterse al plan de Dios, y su familia fue bendecida por ello.

A medida que nuestra fe madura, estaremos cada vez más dispuestas a someternos a los planes y propósitos de Dios. Jacob reconoció que la promesa de Dios no se cumpliría plenamente durante su vida, y confió en que Dios seguiría siendo fiel a su familia después de su muerte. Dios nunca dejó de trabajar en Jacob, y nunca deja de trabajar en nosotras. Continuamente nos da forma y nos moldea para que seamos más parecidas a Su Hijo, haciéndonos madurar y disciplinándonos constantemente a medida que lleva a cabo Sus propósitos en nuestras vidas. A medida que crecemos en nuestra fe, seremos más capaces de discernir los planes de Dios. Estaremos más dispuestas a someternos a Su plan cuando sea diferente al nuestro. Al reconocer las bendiciones que Dios nos ha dado en el pasado, aumentamos nuestra fe en Su capacidad y voluntad de bendecirnos en el futuro. Él siempre es fiel, y siempre cumple Sus promesas.

Génesis 49:1–28

Llamó Jacob a sus hijos, y les dijo: —Acercaos y os declararé lo que ha de aconteceros en los días venideros. 2 Acercaos y oíd, hijos de Jacob; escuchad a vuestro padre Israel. 3 Rubén, tú eres mi primogénito, mi fortaleza y el principio de mi vigor; el primero en dignidad, el primero en poder. 4 Impetuoso como las aguas, ya no serás el primero, por cuanto subiste al lecho de tu padre; entonces te envileciste, al subir a mi lecho. 5 Simeón y Leví son hermanos; armas de maldad son sus armas. 6 En su consejo no entre mi alma, ni mi espíritu se junte en su compañía, porque en su furor mataron hombres y en su temeridad desjarretaron toros. 7 Maldito sea su furor, que fue fiero, y su ira, que fue dura. Yo los apartaré en Jacob, los esparciré en Israel. 8 Judá, te alabarán tus hermanos; tu mano estará sobre el cuello de tus enemigos; los hijos de tu padre se inclinarán a ti. 9 Cachorro de león, Judá; de la presa has subido, hijo mío. Se encorvó, se echó como león, como león viejo: ¿quién lo despertará? 10 No será quitado el cetro de Judá ni el bastón de mando de entre sus pies, hasta que venga Siloh; y a él se congregarán los pueblos. 11 Ató a la vid su pollino y a la cepa el hijo de su asna, lavó en el vino su vestido y en la sangre de uvas su manto. 12 Sus ojos son más rojos que el vino y sus dientes más blancos que la leche. 13 Zabulón habitará en puertos de mar; será puerto para las naves y llegará hasta Sidón. 14 Isacar, asno fuerte que se recuesta entre los apriscos. 15 Al ver que el descanso era bueno y la tierra deleitosa, bajó su hombro para llevar carga, y sirvió como esclavo. 16 Dan juzgará a su pueblo como una de las tribus de Israel. 17 Será Dan serpiente junto al camino, víbora junto a la senda, que muerde los talones del caballo y hace caer hacia atrás al jinete. 18 Tu salvación he esperado, oh Señor. 19 A Gad, un ejército lo asaltará, pero él les devolverá el ataque. 20 El pan de Aser será sustancioso; él dará deleites al rey. 21 Neftalí, cierva suelta que da hermosos cervatillos. 22 Rama fructífera es José, rama fructífera junto a una fuente, sus vástagos se extienden sobre el muro. 23 Le causaron amargura, le lanzaron flechas, lo aborrecieron los arqueros, 24 mas su arco se mantuvo poderoso y los brazos de sus manos se fortalecieron por las manos del Fuerte de Jacob, por el nombre del Pastor, la Roca de Israel, 25 por el Dios de tu padre, el cual te ayudará, por el Dios Omnipotente, el cual te bendecirá con bendiciones de los cielos de arriba, con bendiciones del abismo que está abajo, con bendiciones de los pechos y del vientre. 26 Las bendiciones de tu padre fueron mayores que las de mis progenitores; hasta el término de los collados eternos serán sobre la cabeza de José, sobre la frente del que fue apartado de entre sus hermanos. 27 Benjamín es lobo arrebatador: por la mañana comerá la presa y a la tarde repartirá los despojos. 28 Todas estas son las tribus de Israel, doce en total, y esto es lo que su padre les dijo al bendecirlas; a cada una le dio su bendición.

Salmos 139:1–6

Señor, tú me has examinado y conocido. 2 Tú has conocido mi sentarme y mi levantarme. Has entendido desde lejos mis pensamientos. 3 Has escudriñado mi andar y mi reposo, y todos mis caminos te son conocidos, 4 pues aún no está la palabra en mi lengua y ya tú, Señor, la sabes toda. 5 Detrás y delante me rodeaste, y sobre mí pusiste tu mano. 6 Tal conocimiento es demasiado maravilloso para mí; ¡alto es, no lo puedo comprender!

Salmos 139:16

Mi embrión vieron tus ojos, y en tu libro estaban escritas todas aquellas cosas que fueron luego formadas, sin faltar ni una de ellas.

ESCRIBE
Reflexiona

....
....
....
....
....
....
....
....
....
....
....
....
....
....
....
....
....

EOAO / *Salmos 139:16*
ESCRITURAS / *escribe los versículos del devocional*

_____

_____

_____

_____

_____

_____

_____

_____

_____

_____

_____

_____

_____

_____

_____

_____

_____

OBSERVACIÓN / *escribe 3 - 4 observaciones*

_____

_____

_____

_____

_____

_____

_____

_____

APLICACIÓN / *Escribe por lo menos 1 - 2 aplicaciones*

_____

_____

_____

_____

_____

_____

_____

_____

_____

_____

_____

_____

ORACIÓN / *Escribe una oración sobre lo que has aprendido y lo que Dios te ha revelado.*

_____

_____

_____

_____

_____

_____

_____

_____

_____

_____

_____

_____

_____

_____

_____

_____

EOAO

Salmos 139:16

"Mi embrión vieron tus ojos, y en tu libro estaban escritas todas aquellas cosas que fueron luego formadas, sin faltar ni una de ellas."

EN EL TEXTO

En los últimos momentos de la vida de Jacob, éste pronunció bendiciones y profecías sobre cada uno de sus hijos. Sus palabras describieron el carácter de sus hijos, las bendiciones que recibirían y las características y la reputación de sus descendientes. Jacob demostró plena confianza en los planes de Dios para el futuro y plena confianza en la fidelidad de Dios para cumplir Sus promesas. Dios tenía planes específicos para cada uno de los hijos de Jacob y sus descendientes, y, en Su gracia, reveló algunos de esos planes a Jacob.

A Rubén, Simeón y Leví, sus acciones descuidadas les impedirían recibir posiciones de liderazgo dentro de la familia y la nación. Aunque seguirían recibiendo la bendición de Dios y llevarían adelante el pacto de Abraham, serían disciplinados por sus acciones. Podemos aprender mucho de su ejemplo, viendo cómo las acciones pecaminosas a menudo pueden descalificar a las personas en posición de liderazgo dentro del pueblo de Dios.

En contraste con los tres hermanos mayores, Judá y José recibieron grandes bendiciones y promesas. Judá sería el padre de los reyes de Israel y de Judá, a través del cual vendría el Mesías. Sería el antepasado del Rey eterno de Israel, del Mesías del mundo, Jesucristo.

José recibió una doble porción de bendición, ya que Jacob bendijo a los hijos de José como si fueran suyos. La fidelidad de José le permitió ser bendecido abundantemente por Dios. De la misma manera que las acciones pecaminosas pueden descalificar a las personas para el liderazgo, Dios confía estos puestos a aquellos que son dignos de alabanza y responsables.

Aunque estas palabras estaban dirigidas específicamente a los hijos y descendientes de Jacob, podemos encontrar en ellas mucho aliento e instrucción. Nos recuerdan la forma en que Dios conoce nuestro pasado, nuestro presente y nuestro futuro, y su íntima participación en cada uno de ellos.

Dios tiene planes específicos y un futuro concreto diseñado para cada una de nosotras. ¿Someteremos nuestras vidas, deseos y planes a Dios, confiando en que Él tiene el futuro perfecto preparado para nosotras? Mientras buscamos vivir vidas que lo honren, comencemos cada día confiando nuestro futuro a Aquel que ha conocido todos nuestros días antes de que cualquiera de ellos llegara a existir.

Génesis 49:29—50:26

Les ordenó luego: —Voy a ser reunido con mi pueblo. Sepultadme con mis padres en la cueva que está en el campo de Efrón, el heteo, 30 en la cueva que está en el campo de Macpela, al oriente de Mamre, en la tierra de Canaán, la que compró Abrahán junto con el mismo campo de Efrón, el heteo, como sepultura en propiedad. 31 Allí sepultaron a Abrahán y a Sara, su mujer; allí sepultaron a Isaac y a Rebeca, su mujer; allí también sepulté yo a Lea. 32 El campo y la cueva que está en él fueron comprados a los hijos de Het. 33 Cuando acabó Jacob de dar instrucciones a sus hijos, encogió sus pies en la cama y expiró, y se reunió con sus padres. 1 Entonces se echó José sobre el rostro de su padre, lloró sobre él y lo besó. 2 Después mandó José a los médicos que estaban a su servicio que embalsamaran a su padre, y los médicos embalsamaron a Israel. 3 Cumplieron así cuarenta días, que era el plazo requerido para embalsamar. Y los egipcios lo lloraron setenta días. 4 Pasados los días de su luto, habló José a los de la casa de Faraón: —Si me he ganado vuestro favor, os ruego que transmitáis este mensaje a Faraón: 5«Mi padre me hizo jurar: "Yo voy a morir; en el sepulcro que cavé para mí en la tierra de Canaán, allí me sepultarás". Permite, pues, que yo vaya ahora a sepultar a mi padre, y después volveré». 6 Faraón dijo: —Ve y sepulta a tu padre, como él te hizo jurar. 7 Entonces José subió para sepultar a su padre; y subieron con él todos los siervos de Faraón, los ancianos de su casa y todos los ancianos de la tierra de Egipto, 8 toda la casa de José, sus hermanos y la casa de su padre; solamente dejaron en la tierra de Gosén sus niños, sus ovejas y sus vacas. 9 Subieron también con él carros y gente de a caballo, y se hizo un escuadrón muy grande. 10 Cuando llegaron a la era de Atad, que está al otro lado del Jordán, sus lamentos y expresiones de tristeza fueron muy grandes. Allí José hizo duelo por su padre durante siete días. 11Al ver los habitantes de la tierra, los cananeos, el llanto en la era de Atad, dijeron: «Grande es el llanto de los egipcios». Por eso, a aquel lugar que está al otro lado del Jordán se le llamó Abel-mizraim. 12 Sus hijos, pues, hicieron con él según les había mandado, 13 pues lo llevaron a la tierra de Canaán y lo sepultaron en la cueva del campo de Macpela, al oriente de Mamre, la que había comprado Abrahán a Efrón, el heteo, junto con el mismo campo, como sepultura en propiedad. 14 Después que lo hubo sepultado, regresó José a Egipto, él, sus hermanos y todos los que habían subido con él a sepultar a su padre.

15 Al ver los hermanos de José que su padre había muerto, dijeron: —Quizá ahora nos aborrecerá José, y nos devuelva con creces todo el mal que le hicimos. 16 Entonces enviaron a decir a José: —Tu padre mandó antes de su muerte: 17«Así diréis a José: "Te ruego que perdones ahora la maldad de tus hermanos y su pecado, porque te trataron mal"; por eso, ahora te rogamos que perdones la maldad de los siervos del Dios de tu padre». Y José lloró mientras hablaban. 18 Llegaron también sus hermanos, se postraron delante de él y dijeron: —Aquí nos tienes. Somos tus esclavos. 19 Pero José les respondió: —No temáis, pues ¿acaso estoy yo en lugar de Dios? 20 Vosotros pensasteis hacerme mal, pero Dios lo encaminó a bien, para hacer lo que vemos hoy, para mantener con vida a mucho pueblo. 21 Ahora, pues, no tengáis miedo; yo os sustentaré a vosotros y a vuestros hijos. Así los consoló, y les habló al corazón. 22 Habitó José en Egipto, él y la casa de su padre; y vivió José ciento diez años. 23 Vio José los hijos de Efraín hasta la tercera generación; y también los hijos de Maquir hijo de Manasés fueron criados sobre las rodillas de José. 24 Y José dijo a sus hermanos: —Yo voy a morir, pero Dios ciertamente os visitará y os hará subir de esta tierra a la tierra que juró a Abrahán, a Isaac y a Jacob. 25 E hizo jurar José a los hijos de Israel: —Dios ciertamente os visitará, y haréis llevar de aquí mis huesos. 26 Murió José a la edad de ciento diez años; lo embalsamaron, y lo pusieron en un ataúd en Egipto.

Éxodo 13:19

Moisés tomó también consigo los huesos de José, el cual había hecho jurar a los hijos de Israel y les había dicho: «Dios ciertamente os visitará, y entonces os llevaréis mis huesos de aquí con vosotros».

Juan 14:1–3

No se angustie vuestro corazón. Creéis en Dios, creed también en mí. 2 En la casa de mi Padre muchas moradas hay. Si así no fuera, yo os lo hubiera dicho. Voy, pues, a prepararos un lugar. 3 Y una vez me haya ido y haya preparado lugar, vendré de nuevo y os llevaré conmigo, para que estéis también donde yo esté.

ESCRIBE
Reflexiona

....
....
....
....
....
....
....
....
....
....
....
....
....
....
....
....
....
....

EOAO / *Juan 14:1–3*
ESCRITURAS / *escribe los versículos del devocional*

OBSERVACIÓN / *escribe 3 - 4 observaciones*

APLICACIÓN / *Escribe por lo menos 1 - 2 aplicaciones*

ORACIÓN / *Escribe una oración sobre lo que has aprendido y lo que Dios te ha revelado.*

EOAO

Juan 14:1–3

"No se angustie vuestro corazón. Creéis en Dios, creed también en mí. En la casa de mi Padre muchas moradas hay. Si así no fuera, yo os lo hubiera dicho. Voy, pues, a prepararos un lugar. Y una vez me haya ido y haya preparado lugar, vendré de nuevo y os llevaré conmigo, para que estéis también donde yo esté."

EN EL TEXTO

El último capítulo del Génesis pone fin a los acontecimientos de las vidas de Jacob y José. Ambos hombres mostraron una gran fe en las promesas de Dios en sus últimos días. Sabían que Egipto no era su hogar. Dios prometió darles una tierra propia, y Egipto no lo era. Aunque ni Jacob ni José vieron a Dios cumplir esa promesa, ambos actuaron con fe al ordenar a sus hijos que llevaran sus huesos a la tierra prometida.

Jacob y José vivían a la espera de la tan esperada bendición de Dios. Estaban convencidos de que Dios llevaría a Su pueblo a la tierra que había prometido darles. Después de su muerte, los hijos de Jacob y toda su casa llevaron su cuerpo al lugar del entierro que Abraham compró al heteo. Jacob fue enterrado con sus padres, descansando en la tierra de la promesa. Esta procesión presagiaba otra que llegaría años después, cuando Moisés sacó los huesos de José de Egipto y los israelitas fueron liberados de la esclavitud. Ambos hombres mostraron su fe en la promesa de Dios, aunque no vieron la promesa cumplida.

Los creyentes en Cristo hoy en día también están esperando el cumplimiento de una gran promesa. Jesús ha prometido regresar y dar a todos Sus seguidores un lugar de descanso final con Él. Él ha preparado un lugar para todos los que creen en Él y lo han aceptado como su Señor y Salvador. Hoy, como creyentes en Cristo, anhelamos el cumplimiento de esa promesa.

La muerte de un creyente en Cristo no es el final. Por el contrario, es el comienzo de la plena realización de todas las maravillosas promesas de Dios. Jacob y José murieron creyendo que Dios cumpliría Su promesa y llevaría a sus descendientes a Su tierra prometida. Del mismo modo, cuando los creyentes en Cristo mueren, lo hacen creyendo que Dios cumplirá Su promesa, llevándolos con Él al lugar que ha prometido, el lugar que ha preparado para ellos. Cuando vivimos y morimos basándonos en las promesas de Dios, la muerte pierde su poder. Porque nada puede impedirnos heredar las promesas de Dios, ni siquiera la muerte.

Génesis 1:31

Y vio Dios todo cuanto había hecho, y era bueno en gran manera. Y fue la tarde y la mañana del sexto día.

Génesis 3:4–6

Entonces la serpiente dijo a la mujer: —No moriréis. 5 Pues Dios sabe que el día que comáis de él serán abiertos vuestros ojos y seréis como Dios, conocedores del bien y del mal. 6 Y vio la mujer que el árbol era bueno para comer, y que era agradable a los ojos, y árbol deseable para alcanzar la sabiduría; y tomó de su fruto y comió; y dio también a su marido, el cual comió al igual que ella.

Génesis 6:5–8

5 Vio el Señor que la maldad de los hombres era mucha en la tierra, y que todo designio de los pensamientos de su corazón solo era de continuo el mal; 6 y se arrepintió el Señor de haber hecho al hombre en la tierra, y le dolió en su corazón. 7 Por eso dijo el Señor: —Borraré de la tierra a los hombres que he creado, desde el hombre hasta la bestia, y hasta el reptil y las aves del cielo, pues me arrepiento de haberlos hecho. 8 Pero el Señor se apiadó de Noé.

Génesis 18:22–25

Se apartaron de allí los hombres y fueron hacia Sodoma; pero Abrahán permaneció delante del Señor. 23 Se acercó Abrahán y le dijo: —¿Destruirás también al justo con el impío? 24 Quizá haya cincuenta justos dentro de la ciudad: ¿destruirás y no perdonarás a aquel lugar por amor a los cincuenta justos que estén dentro de él? 25 ¡Lejos de ti tal cosa!, matar al justo con el impío, de modo que la suerte del justo sea como la del impío. ¡Lejos de ti! El Juez de toda la tierra, ¿no ha de hacer lo que es justo?

Génesis 50:19–20

9 Pero José les respondió: —No temáis, pues ¿acaso estoy yo en lugar de Dios? 20 Vosotros pensasteis hacerme mal, pero Dios lo encaminó a bien, para hacer lo que vemos hoy, para mantener con vida a mucho pueblo.

EOAO / *Génesis 50:19–20*
ESCRITURAS / *escribe los versículos del devocional*

OBSERVACIÓN / *escribe 3 - 4 observaciones*

APLICACIÓN / *Escribe por lo menos 1 - 2 aplicaciones*

ORACIÓN / *Escribe una oración sobre lo que has aprendido y lo que Dios te ha revelado.*

EOAO

Génesis 50:19–20

"Pero José les respondió: —No temáis, pues ¿acaso estoy yo en lugar de Dios? Vosotros pensasteis hacerme mal, pero Dios lo encaminó a bien, para hacer lo que vemos hoy, para mantener con vida a mucho pueblo."

EN EL TEXTO

Uno de los temas principales del libro del Génesis es el del bien contra el mal. A lo largo del libro, el autor ofrece ejemplos del bien, ejemplos del mal y la interacción entre ambos. Comenzando con el relato de la creación y continuando con la historia de José, el autor muestra la soberanía de Dios a través de este tema.

Dios creó los cielos y la tierra. Después de completar Su obra, Dios llamó bueno a todo lo que hizo. El mal aún no había entrado en el mundo. Dios colocó al hombre y a la mujer que creó en un huerto, permitiéndoles comer de cualquier árbol que desearan, excepto de dos. La serpiente los engañó, prometiendo a la mujer que si comía del árbol del conocimiento del bien y del mal, sería como Dios, conociendo el bien y el mal. Tanto ella como el hombre comieron, y de repente fueron conscientes del mal porque habían cometido el primer acto de pecado.

Más tarde, Dios declaró que todos los pensamientos y acciones de los seres humanos eran sólo de maldad todo el tiempo. Prometió destruir todo lo que había hecho a causa de esta gran maldad. Sin embargo, incluso en medio de tanta maldad, hubo un hombre que encontró el favor de Dios.

Mucho más adelante, Dios eligió a un hombre llamado Abraham para que fuera él quien cumpliera Su promesa de redimir al mundo del mal y del pecado. Abraham sabía que Dios era justo y bueno. Dios no destruiría a los buenos junto con los malos, sino que permitiría que el mal prevaleciera para salvar a los que se comprometieran con Él.

En la vida de José, Dios utilizó un gran mal para provocar un gran bien. Sus hermanos lo habían arrojado a un pozo y lo habían vendido como esclavo. Fue perseguido y acusado falsamente, arrojado a la cárcel sin juicio. Incluso en todo este mal, Dios llevaría a cabo Su buen propósito. José no sólo permitió que Dios dirigiera sus pasos y utilizara su vida para Sus propósitos, sino que reconoció la soberanía de Dios para tornar en bien lo que era destinado a hacer mal.

La soberanía de Dios permanece inalterable. Aunque a menudo parezca que el mal triunfa en el mundo, Dios siempre está llevando a cabo Sus buenos propósitos. Nada está fuera de Su alcance. Nada pasa desapercibido para Él. Mientras soportamos un mundo malvado, podemos confiar en que, independientemente de las circunstancias, Dios es soberano y siempre está llevando a cabo Sus buenos propósitos para Su reino, para Su pueblo y para el mundo.

REFLEXIONA

SEMANA 6

1. *¿Por qué es importante que los líderes de Dios tengan sabiduría? ¿Cómo puedes liderar con sabiduría hoy? ¿Cómo puedes también humillarte y someterte a las autoridades que Dios ha puesto en tu vida?*

....

....

....

2. *¿En qué área de tu vida es más fácil para ti confiar en Dios? ¿En qué área de tu vida es más difícil para ti confiar en Dios? ¿Por qué es necesario someterse a los planes de Dios cuando son diferentes a los tuyos?*

....

....

....

3. *¿Cuál es tu reacción al escuchar que Dios conocía todos tus días antes de que uno de ellos llegara a ser?*

....

....

....

4. *¿Has aceptado a Cristo como tu Señor y Salvador? Si es así, ¿crees que Él está preparando un lugar para ti? ¿Cómo puedes vivir a la luz de esta maravillosa promesa?*

....

....

....

5. *¿De qué manera has visto a Dios convertir en algo bueno lo que otros hicieron para dañarte?*

....

....

....

nte

Usa estos pasajes para hacer tu
DEVOCIONAL entre estudios
Plan de lectura de 2 semanas

¿Has desarrollado un hábito de estudio bíblico diario y constante y no quieres romperlo antes de que comience el próximo estudio? En las páginas siguientes, puedes continuar tu tiempo de quietud, seguir nuestra lectura sugerida y utilizar el método EOAO en los pasajes.

SEMANA 1

○ *Lunes*
Lectura: Proverbios 17:15–28
EOAO: Proverbios 17:27–28

○ *Martes*
Lectura: Proverbios 18:1–12
EOAO: Proverbios 18:10

○ *Miércoles*
Lectura: Proverbios 18:13–24
EOAO: Proverbios 18:16

○ *Jueves*
Lectura: Proverbios 19:1–10
EOAO: Proverbios 19:5

○ *Viernes*
Lectura: Proverbios 19:11–19
EOAO: Proverbios 19:11

SEMANA 2

○ *Lunes*
Lectura: Proverbios 19:20–29
EOAO: Proverbios 19:23

○ *Martes*
Lectura: Proverbios 20:1–15
EOAO: Proverbios 20:11

○ *Miércoles*
Lectura: Proverbios 20:16–30
EOAO: Proverbios 20:22

○ *Jueves*
Lectura: Proverbios 21:1–15
EOAO: Proverbios 21:2–3

○ *Viernes*
Lectura: Proverbios 21:16–31
EOAO: Proverbios 21:25–26

Acompáñanos

ONLINE
amadiosgrandemente.com
lovegodgreatly.com/spanish

TIENDA
lovegodgreatly.com/store

FACEBOOK
facebook.com/AmaaDiosLGGespanol

INSTAGRAM
@lovegodgreatlyofficial
@AmaaDiosGrandemente

PINTEREST
AmaaDiosGrandemente

TELEGRAM
AmaaDiosGrandemente

....

**RECURSOS PARA CHICOS
Y CHICAS (0- 13 AÑOS)**
facebook.com/chicosychicasADG

INSTAGRAM CHICOS Y CHICAS
@adg_chicosychicas

....

RECURSOS PARA JÓVENES
adgjovenes.com

INSTAGRAM ADGJÓVENES
@adgjovenes

....

CONTÁCTANOS
amaaDiosgrandemente.guisette@gmail.com

CONECTA
#AmaaDiosGrandemente

PARA TI

Ofrecemos

Más de 40 Traducciones
Planes de Lectura Bíblica
Estudio Bíblico en Línea
Aplicación Ama a Dios Grandemente
Más de 200 Países Atendidos
Diarios de Estudio Bíblico
Grupos Comunitarios
Biblia Ama a Dios Grandemente
Diario Ama a Dios Grandemente

Cada Estudio incluye

Tres Publicaciones de Blog Semanales
Devocionales Diarios
Versículos para Memorizar
Desafíos Semanales
Preguntas de Reflexión Semanales
Plan de Lectura Puente

Otros Estudios

En el Principio	Miedo y Ansiedad
Marcos	Santiago
No Más Vergüenza	Su Nombre es...
Pacto Eterno	Filipenses
Jesús Nuestro Todo	1 & 2 Timoteo
Amor Total	Transformadas
Equipadas: Ayer y hoy	Ruth
Miedo y Ansiedad	Quebrantada Y Redimida
Ha Resucitado	Caminando en Sabiduría
Acércate	Dios con Nosotras
Bienaventuranzas	En todo Da Gracias
Ester	Eres Perdonada
El Poder de las Palabras	David
Caminando en Victoria	Eclesiastés
Ser Justas, Amar la Misericordia y Caminar	Creciendo a través de la Oración
Humildemente	Nombres de Dios
Amor Fiel	Gálatas
Se Valiente	Salmo 119
Salvador	1 & 2 Pedro
Promesas de Dios	Creadas para Relacionarnos
Amar al falto de amor	La Ruta hacia la Navidad
La verdad que triunfa	El Origen de la Gratitud
1 & 2 Tesalonicenses	Eres Amada

Printed in the USA
CPSIA information can be obtained
at www.ICGtesting.com
LVHW020715210824
788839LV00013B/533